Laura Frost

Johanna Schopenhauer
Ein Frauenleben aus der klassischen Zeit

CLASSIC PAGES

Frost, Laura

Johanna Schopenhauer
Ein Frauenleben aus der klassischen Zeit

ISBN: 978-3-86741-555-2

Auflage: 1
Erscheinungsjahr: 2010
Erscheinungsort: Bremen, Deutschland

© Europäischer Hochschulverlag GmbH & Co KG, Fahrenheitstr. 1, 28359 Bremen (www.eh-verlag.de). Alle Rechte beim Verlag und bei den jeweiligen Lizenzgebern.

Bei diesem Titel handelt es sich um den Nachdruck eines historischen, lange vergriffenen Buches aus dem Verlag Klinkhardt & Biermann, Leipzig (1913). Da elektronische Druckvorlagen für diese Titel nicht existieren, musste auf alte Vorlagen zurückgegriffen werden. Hieraus zwangsläufig resultierende Qualitätsverluste bitten wir zu entschuldigen.

Johanna Schopenhauer

Ein Frauenleben aus der klassischen Zeit

Johanna Schopenhauer.
(Original in der Großherzogl. Bibliothek in Weimar; gem. von Gerhard Kügelgen.)

Johanna Schopenhauer

Ein Frauenleben aus der klassischen Zeit

Von

Laura Frost

Zweite Auflage

Verlag von Klinkhardt & Biermann in Leipzig

Inhaltsverzeichnis.

Quellenangabe	V
Vorwort	IX
1. Die Kinderzeit	1
2. Heinrich Floris Schopenhauer	11
3. Die Geburt des Sohnes	21
4. Auf Reisen. Heinrich Floris Schopenhauers Tod . .	33
5. Die Ankunft in Weimar	49
6. Nach der Schlacht bei Jena	57
7. Goethes erster Besuch	69
8. Die Teeabende	79
9. Goethes Freundschaft	97
10. Der Berufswechsel des Sohnes	111
11. Johanna Schopenhauers liter. Tätigkeit	131
12. Mutter und Sohn	139
13. Müller von Gerstenbergk	165
14. Der Verlust des Vermögens	177
15. Die Trennung von Weimar	193
16. Das Leben am Rhein 1829—1837	207
17. Johanna Schopenhauers Briefe an Holtei . . .	219
18. Johanna Schopenhauers letzte Lebenstage . . .	231
19. Freunde und Gegner Johanna Schopenhauers aus ihrer Zeit	237
20. Nachwort	251

Bilder und Quellenangabe.

Das Geburtshaus Johanna Schopenhauers und ihr Bild als alte Frau sind dem Buche „Jugendleben und Wanderbilder" von Johanna Schopenhauer entnommen. Neu herausgegeben von W. Cosack, Danzig 1884. Verlag Th. Bertling.

Die drei andern Bilder Johanna Schopenhauers sind mir von Weimar durch Herrn v. Bojanowski und Herrn Prof. Ruland zugestellt worden. Das von Guibert wurde für mein Buch zum ersten Male vergeben, das von Kügelgen war damals nur in einem Buch über Kügelgen erschienen. Das Bild Müller von Gerstenbergks habe ich von seiner Tochter, der Ordensdame Jenny von Gerstenbergk, erhalten, die es für mich von einem großen Bilde hat photographieren lassen.

W. Cosack: Johanna Schopenhauer, Jugendleben und Wanderbilder, Band I. Verl. Theodor Bertling. Danzig 1884.

Johanna Schopenhauer: Jugendleben und Wanderbilder, Band II. Verl. Georg Westermann, Braunschweig 1839.

Johanna Schopenhauer: Briefe von Karl von Holtei, Verl. A. H. Payne, Leipzig 1870.

Johanna Schopenhauer: Gabriele. Roman in drei Teilen. F. A. Brockhaus, Leipzig 1821.

Stephan Schütze in Weimars Album zur vierten Säkularfeier der Buchdruckerkunst. Albrechtsche Hofbuchdruckerei, Weimar, 1840. S. 184—204.

Ludwig Schemann: Schopenhauer-Briefe. Verl. F. A. Brockhaus, Leipzig 1893.

Eduard Grisebach: Schopenhauers Geschichte seines Lebens. Verl. E. Hofmannn & Co., Leipzig 1897.

Nekrolog der Deutschen. 1838.

Ludwig Geiger: Goethe und die Seinen. Verl. R. Voigtländer, Leipzig 1908.

Heinrich Düntzer: Abhandlungen zu Goethes Leben und Werken. Band I und II. Ed. Wartigs Verlag, Leipzig 1885.

Ernst Otto Lindner: Arthur Schopenhauer. Ein Wort der Verteidigung und

Julius Frauenstädt: Memorabilien, Briefe und Nachlaßstücke. Berlin 1863.

Kuno Fischer: Arthur Schopenhauer. Heidelberg, Carl Winters Universitätsbuchhandlung, 1893.

Wilhelm Bode: Amalie, Herzogin von Weimar. Ein Lebensabend im Künstlerkreise. Verl. E. S. Mittler & Sohn, Berlin 1908.

Wilhelm Bode: Charlotte von Stein. Verlag E. S. Mittler & Sohn, Berlin 1910.

Gustav Freytag: Bilder aus der deutschen Vergangenheit, Band IV. Verlag S. Hirzel, Leipzig 1895.

W. v. Gwinner: Arthur Schopenhauer aus persönlichem Umgange dargestellt. F. A. Brockhaus, Leipzig 1862.

Müller von Gerstenbergk: Die Phalänen.

Düntzer: Goethes erste Beziehungen zu Johanna Schopenhauer. Westermanns Monatshefte, Band 25, 1868/1869.

Paul Kühn: Die Frauen um Goethe. Band II. Verlag Klinkhardt & Biermann, Leipzig 1912.

A. von Schorn: Das nachklassische Weimar. Verlag Kiepenheuer, Weimar.

Kurt Wolff: Tagebücher der Adele Schopenhauer. Band I u. II. Insel-Verlag, Leipzig 1909.

Max Brahn: Arthur Schopenhauers Briefwechsel und andere Dokumente. Insel-Verlag, Leipzig 1911.

Lily Braun: Im Schatten der Titanen. Verlag George Westermann, Braunschweig.

Wilhelm von Gwinner: Schopenhauers Leben. Verlag F. A. Brockhaus, Leipzig 1910.

Westermanns Illustrierte deutsche Monatshefte. Band 25. Braunschweig 1869.

Hoffmann von Fallersleben: Findlinge. Heft I. Verlag W. Engelmann, Leipzig 1859.

Goethe Jahrbuch, Band XIV, XIX, herausgegeben von Ludwig Geiger. Verlag Rütten & Loening, Frankfurt a. M., 1893 und 1898.

Luise Seidler: Erinnerungen, herausgegeben von H. Uhde. Verlag W. Herz, Berlin 1874.

Weimarer Goetheausgabe, Abt. IV, Band XIX, XX, XXI, XXII, XXIII, XXVIII.

Goethe-Gesellschaft, Weimar. Neueste Publikation 1913.

Vorwort.

Aus dem Vorwort zur erſten Auflage.

Johanna Schopenhauer iſt während der Zeit ihres Lebens Anerkennung und Verehrung in hohem Maße zuteil geworden. Weit trat ſie infolgedeſſen aus der Reihe ihrer weiblichen Zeitgenoſſen hervor. Sie war nicht nur eine vielgeleſene Schriftſtellerin, ſondern ſie gehörte auch in der klaſſiſchen Zeit Weimars zu den angeſehenſten Perſönlichkeiten der Stadt. Wer als Fremder nach dem Ilm=Athen kam, wurde auf die Abende der Hofrätin Schopenhauer als auf eine Merk= würdigkeit Weimars hingewieſen.

Manches Jahrzehnt iſt ſeit ihrem Tode vergangen. Ihre Romane ſind lange neuen, modernen gewichen; ihre anderen Schriften haben faſt ausſchließlich nur noch kulturgeſchichtlichen Wert. Von ihren Abendgeſell= ſchaften berichtet der Literaturhiſtoriker, wenn er ein Bild jener geiſtig bewegten Zeit entwirft, und in der Lebensgeſchichte Goethes bilden ſie ein intereſſantes Kapitel.

Ein anderes aber hat ſie unſterblich gemacht — ihr Sohn. Arthur Schopenhauer hat die Anlagen zu ſeiner geiſtigen Größe von Johanna, ſeiner Mutter, geerbt. Eine nähere Bekanntſchaft mit dieſer dürfte auch die Art des Sohnes dem Verſtändnis näher bringen und die

Teilnahme erwecken für die Betrachtung, wie sich die Mutter mit einem solchen Sohne abgefunden hat. Gerade dieses ist in dem Leben Johanna Schopenhauers ein wichtiger, wenn auch sehr dunkler Punkt. Trotzdem der Sohn ihr alles verdankte, seine geistigen Fähigkeiten, die Möglichkeit, Philosophie zu studieren, trotzdem die Mutter ihn stets gewähren ließ und, wie ihre Briefe beweisen, viel über ihn, und was ihm frommen dürfte, nachsann, konnte es doch kaum zwei Menschen geben, die einander weniger verstanden, als diese beiden.

Es ist nicht unsere Aufgabe, darüber richten zu wollen, wer die Hauptschuld an dem unseligen Verhältnis trug, das zu vollständigem Bruche zwischen Mutter und Sohn führte. In der vorliegenden Lebensgeschichte Johanna Schopenhauers sind die Hauptpersonen, soviel es anging, selbst redend eingeführt. Die Wahrheit und Lebendigkeit der unmittelbaren Mitteilung sollte bei dem Leser eigenes Urteil und eigenes Verständnis der Charaktere erwecken.

Vorwort zur zweiten Auflage.

Meine erste Anteilnahme am Leben und Charakter der Johanna Schopenhauer rührt daher, daß ich in der Schopenhauer=Biographie von Kuno Fischer von ihr die Worte zitiert fand, die ich zufällig las: „Wenn Goethe ihr seinen Namen gibt, kann ich ihr wohl eine Tasse Tee geben." Diese Worte waren das End=resultat ihrer Erwägungen gewesen, als Goethe ihr bald nach seiner Trauung Christiane zugeführt hatte und Johanna unentschieden gewesen war, ob sie sie an=nehmen solle oder nicht.

Mir lag es damals fern, Sympathie für sie erwecken zu wollen, die sie vielleicht nicht verdiente; ich bemühte mich nur, aus ihren Werken und einigen geschichtlichen Quellen zusammenzutragen, was ich zu ihrer Lebens=geschichte brauchte. Ich besuchte die Orte, an denen sie gelebt hatte, und suchte mir in Jena ihre fast ver=gessene Grabstätte auf. So entstand in möglichst ob=jektiver Auffassung ohne Parteinahme die erste Auf=lage dieser Biographie.

Im Laufe der darauf folgenden Jahre ist mein Interesse für Johanna Schopenhauer durch zahlreiche

Anregungen, die ich erhielt, ständig gewachsen. Mir traten Äußerungen von Schriftstellern über sie entgegen, die mich befremdeten. Neben der Anerkennung, die ihr während ihres Lebens von so vielen angesehenen Zeitgenossen zuteil geworden war und der ruhigen Betrachtung, die hervorragende Biographen, wie Gwinner, Düntzer, Geiger ihrem Charakter angedeihen ließen, hörte ich sie auch hart beurteilen. Die Tagebücher ihrer Tochter Adele erschienen und wurden gegen sie benutzt; die Biographen Arthur Schopenhauers nahmen vielfach in ihrer Verehrung für den Sohn Stellung gegen die Mutter; eine allgemeine Ansicht von der Minderwertigkeit ihres Charakters griff immer mehr um sich.

Es liegt mir auch heute fern, darüber urteilen zu wollen, wer recht und wer unrecht hat. Aber ich meine, daß Johanna Schopenhauer als die Mutter des Philosophen und die Freundin Goethes, als eine bemerkenswerte Erscheinung ihrer Zeit und ein eigenartiger, stark ausgeprägter Charakter nicht nur für alle Freunde der Literatur und Philosophie, sondern auch für die große Allgemeinheit von starkem Interesse sein muß, unabhängig davon, ob dem einzelnen ihre Art sympathisch oder unsympathisch ist; und daß sie daher es wohl verdient, mit möglichster Unparteilichkeit beurteilt zu werden. Von diesem Gesichtspunkt aus habe ich über sie zusammengetragen, so viel ich von Überlieferungen nur fand. Ich wollte das Bild Johanna Schopenhauers so vollständig wie möglich vor dem Leser erstehen lassen und ihn mit ihren Handlungen und soweit es möglich war, mit den Beweggründen dieser Handlungen bekannt machen. Er sollte bei ihrer Beurteilung versuchen, sich das ihn Befremdende aus dem Charakter Johannas oder ihres Sohnes zu erklären und die Notwendigkeit alles Geschehens in der Macht zu erkennen, die die inneren Anlagen und die äußeren Verhältnisse ausüben. Er sollte versuchen, verständnisvoll auch eine ihm entgegengesetzte Wesensart zu betrachten und sollte anstatt dessen weniger von der Schuld des einen oder des anderen sprechen.

Die Urteile und Erzählungen von Johanna Schopenhauers Zeitgenossen konnte ich nicht alle ohne weiteres in der Art übernehmen, wie ich sie bei anderen Biographen fand. Mitunter waren sie unvollständig überliefert und gaben dadurch einen anderen Sinn, als er gemeint war. Auch ist nicht alles, was uns literarisch überliefert ist, gleichwertig; denn es kommt doch auch auf die Persönlichkeit dessen an, der etwas Wesentliches berichtet hat. Ebenso mußte ich die Bedeutung von Adele Schopenhauers Tagebüchern[1]) einschränken. Diese Tagebücher sind in einer Zeit geschrieben, von der Adele selbst sagt, sie sei damals dem Wahnsinn oft nahe gewesen[2]). Das Zerwürfnis mit Arthur Schopenhauer und der Verlust des Vermögens hatte die beiden Frauen aus der friedlichen Stille ihres bisherigen Lebens auf die stürmische See hinausgeworfen, und nicht nur Adele, son-

---

[1]) Kurt Wolff, Tagebücher der Adele Schopenhauer.
[2]) M. Brahn, Schopenhauer-Briefe, S. 144. Brief Adeles vom 27. 10. 1831.

dern auch Johanna vermochte oft nicht, ihrer Konflikte Herr zu werden. Beider Verhalten ist in jenen Jahren sehr ungleich gewesen. Es gibt in Adeles Tagebüchern (1816—1822) neben den anklagenden auch liebe, freundliche Worte für die Mutter, und auch diese, nicht nur die ersteren, mußten zitiert werden. Auch hat Adele zur gleichen Zeit in ihren Briefen an Ottilie von Goethe wiederholt ihrer innigen Liebe zur Mutter Ausdruck gegeben und 1827 schreibt sie, wie die „unendliche Liebe der Mutter sie tiefer und tiefer erkennen lehrt, wie gewaltig die Bande der Natur sind."[1]) Nach dem Tode der Mutter hat dann Adele, mit vollem Verständnis für deren Art in liebevollen Worten ein kurzes zusammenfassendes Urteil über sie gefällt[2]); es enthält in gleichem Maße Bewunderung und Verehrung für die Verstorbene.

Alle solche freundlichen Worte werden von den Schopenhauer-Biographen nicht für die Beurteilung Johanna Schopenhauers angeführt; und so ist ein Urteil entstanden, das, ob es sich gleich auf wahrheitsgemäße Überlieferungen stützt, doch nicht wahrheitsgemäß ist.

In seinem schönen Buche „Die Frauen um Goethe" teilt der leider so früh gestorbene Paul Kühn meine Ansicht. Er sagt u. a.: „Die Biographen Schopenhauers häufen alle Schuld auf die Mutter. Das ist ungerecht."[3])

---

[1]) Publikation der Goethe-Gesellschaft 1913.

[2]) Jugendleben und Wanderbilder, Band II, Verlag Westermann, Braunschweig.

[3]) Paul Kühn, Die Frauen um Goethe, Band II, S. 363.

Ich habe bei meinen Nachforschungen über Johanna Schopenhauer oft an ein Wort von Rahel denken müssen. Es heißt: „Ein Mensch wie ein Buch kann dem Sinne nach zerrissen werden, und dann kann man alles daraus machen."

Bonn, den 20. Januar 1913.

Laura Frost.

Die Kinderzeit.

Johanna Schopenhauers Geburtshaus.

In der altehrwürdigen, damals noch freien Reichsstadt Danzig wurde Johanna Schopenhauer am 9. Juli 1766 geboren. Sie kam an einem Mittwoch zur Welt, einem Posttage, deren es damals nur zwei in der Woche gab. Deshalb wollten einige behaupten, ihre Ankunft sei an diesem Tage ihrem Vater nicht ganz bequem gewesen, weil sie ihn in seinen vielen Geschäften störte. Dessen ungeachtet erregte sie große Freude.

In der Heiligengeistgasse, zwischen der Englischen Kirche und einem uralten Schiffergildenhause lag das Haus ihrer Eltern. Es war auf der Giebelspitze gekrönt mit einer großen metallenen, auf dem Bauche liegenden Schildkröte; wenn der Wind wehte, nickte sie mit dem Kopfe und zappelte mit den Pfoten, die stark vergoldet waren. Johannas Vater war der angesehene und wohl= habende Kaufmann Christian Heinrich Trosiener. Er war von großer stattlicher Gestalt und sah namentlich imposant aus in seiner Ratsherrentracht, in dem falten= reichen, mit Sammet breit aufgeschlagenen Mantel von schwerer, schwarzer Seide und der lockenreichen, weiß gepuderten Allongeperücke, die bis auf den Rücken herab= reichte. Er hatte viele Reisen gemacht und sich dadurch neben der Sprache verschiedener Länder einen erweiterten Blick und eine geistige und körperliche Gewandtheit an= geeignet, durch die er sich in seinem Kreise vorteilhaft auszeichnete. Aber eine unbezähmbare Heftigkeit warf zuweilen über alle diese lobenswerten Eigenschaften einen verdunkelnden Schatten und schuf seiner Familie manche schwere Stunde. Vortrefflich fügte sich dagegen in seine Eigenheiten seine Frau Elisabeth, geborene Lehmann. Ihre Sanftmut ließ sich nicht aus der Fassung bringen. „Sie war ein kleines, zierliches Figürchen mit den niedlichsten Händchen und Füßchen, hatte ein Paar große, sehr lichtblaue Augen, eine sehr weiße, feine Haut und schönes langes, lichtbraunes Haar."[1] — Ihre Erziehung war vernachlässigt, wie die der Mehrzahl ihrer Zeitgenossinnen. Aber Mutterwitz, natürlicher Verstand, und eine rege Auffassungsgabe entschädigten für den Mangel an Kenntnissen.

Die Kinderfrau Kasche, der Diener Adam, der Buchhalter Christophorus Moser spielten eine wichtige Rolle in Johannas ersten Kinderjahren. Von Kasche lernte sie, noch früher als ihre Muttersprache, polnisch sprechen. So wollte es der Vater; er meinte, die sehr schwere Aussprache des Polnischen werde ihr später das Lernen jeder anderen Sprache sehr erleichtern. Bei Johanna hat der Erfolg, wie sie selbst sagt, diese Ansicht als richtig bestätigt. — Doktor Richard Jameson, der Prediger der englischen Kolonie in Danzig, war der Freund ihrer Eltern und wurde der Lehrer, Führer und Berater ihrer Jugend.

Nach zurückgelegtem dritten Lebensjahre wurde das kleine Mädchen täglich in eine Schule geschickt, die

---

[1] Johanna Schopenhauer, Jugendleben und Wanderbilder I, S. 7.

von der Mutter und den Schwestern Chodowieckis geleitet wurde. Bei einem Besuche des berühmten Künstlers zeichnete er das Kind, das sich zu seinem großen Erstaunen plötzlich auf dem Papier erblickte, von dem „bedormeuseten Köpfchen an bis zu den etwas einwärts stehenden Füßen". Später ist das Bild leider durch einen Versuch Johannas es anzutuschen, verdorben.

Als einen großen Vorzug betrachtete es Johanna in späterer Zeit, daß sie in der Nähe des Meeres geboren war. Sein frischer Hauch, der Anblick der ewig bewegten, unabsehbaren Fläche, das Gebrause seiner Wogen gehörte zu ihrem Leben, war mit ihren liebsten Erinnerungen verknüpft. Oft hat sie später im Binnenlande sehnsüchtig seiner gedacht, wenn des Abends „ein dunkelblauer, am flachen Horizont sich hinziehender Streifen sie mit lieber Illusion täuschte."

Das Leben auf den Straßen der Stadt Danzig wurde voll Interesse von dem aufgeweckten Kinde betrachtet. Der ausgebreitete Handel mit Korn gab Danzig damals den Namen „Kornkammer von Europa". Von Polen kamen die Schiffe mit Roggen und Weizen die Weichsel stromabwärts bis in die Motlau. Hier wurden sie in die Seeschiffe entladen, die an der langen Brücke vor Anker lagen. Das Getreide ging dann weiter nach Königsberg, Memel, Petersburg usw., die einfach konstruierten polnischen Fahrzeuge wurden meistens gleich nach dem Verkauf der Ware zerschlagen. In den Straßen gingen die starkknochigen, mulattenartig gebräunten hageren Gestalten der Schimkys umher; sie handelten mit Zwiebeln und Töpferwaren und glichen mehr Südseeinsulanern, als Europäern. Daneben sah man die reichen Polen in der prächtigen, malerischen Nationaltracht der Starosten und die armen polnischen Weiber, „Maruschkas" genannt, die vor der Erntezeit scharenweise gezogen kamen, um für Kost und einen Tagelohn von drei Düttgen (18 sächsische Pfennige) die Kornfelder auszujäten. Arme und reiche Juden mit ihren Frauen führte der Handel aus Polen nach Danzig. Dieses alles und die große Verschiedenartigkeit der Konfessionen in der sich zu völliger Glaubensfreiheit bekennenden Stadt, machte tiefen Eindruck auf das Gemüt und den Verstand Johannas.

Als sie sechs Jahre alt war, wurde Kandidat Kuschel zu ihrem Lehrer bestimmt. Er verstand es, bei stetem Wechsel der Gegenstände seines Unterrichts ihre Aufmerksamkeit und Wißbegierde zu erregen und zu fesseln, so daß sie seiner Ankunft stets mit Freude entgegensah und nach der Beendigung der täglichen Stunde diese zu verlängern bat.

Sie selbst war zeit ihres Lebens ihrer Kindheit als einer sonnigen Zeit eingedenk. „Es gibt kein glücklicheres Wesen auf Erden," schreibt sie in ihren Jugenderinnerungen, „als ein frohes, gesundes, geliebtes Kind, wie ich es war. Die ganze Welt lachte mich an; vom 1. Januar bis zum Silvestertage war es Frühling in mir und um mich her. Alles, was mich umgab, blühte in erfreulichem Wohlstande. Fern von dem friedlichen Dach, unter welchem ich den ersten süßen Traum des Lebens träumte, blieben Sorge, Kummer und Not!"

Mucius Scävola, Brutus, Virginius und andere

Römer waren die Helden ihrer kindlichen Träume; die ehrwürdigen Senatoren mit ihren langen schneeweißen Bärten, wie sie in ihren elfenbeinernen Sesseln sich auf dem Markte nebeneinander hinsetzten und schweigend von dem eindringenden Feinde sich erschlagen ließen, überhaupt die Römer mit ihrer festen republikanischen Gesinnung, beschäftigten viel ihre Phantasie. Heimlich las sie neben den Lehrstunden vier dicke Oktavbände von Rollins römischer Geschichte, die sie in einem alten Schranke ihres Vaters gefunden hatte. Außerdem lernte sie mit großem Eifer Geographie, alte und neue Geschichte, Mythologie und vieles andere; sie schreibt, sie sei im zwölften Jahre weit gelehrter gewesen, als in ihrem einundsiebzigsten.

Ihre Morgenstunden bis zum Mittag nahmen Jameson, Kuschel, der Tanzmeister und eine alte Frau in Anspruch; letztere unterrichtete sie im Wäschenähen und Stopfen. Um zwei Uhr nachmittags wurde sie zu Fräulein Ackermann gebracht, der früheren Untergouvernante einer schwedischen Prinzessin. Dort blieb sie bis sieben Uhr mit anderen Töchtern angesehener Danziger Familien, um die letzte Vollendung ihrer Erziehung zu erhalten. Zu Hause wartete dann oft noch Prediger Jameson, um sich mit ihr zu unterhalten oder auch an schönen Abenden vom Beischlag des Hauses aus den Sternenhimmel mit ihr zu betrachten.

Nur ein Wunsch ward ihr versagt: Zeichnen und Malen zu lernen; ihre Bitte, der Vater möchte sie nach Leipzig mitnehmen und von dort nach Berlin in die Malerschule zu Chodowiecki bringen, erregte ihres Vaters

Zorn und Spott aufs äußerste. Auch die Verwandten waren empört, daß sie „auf den erniedrigenden Gedanken hatte verfallen können, gewissermaßen ein Handwerk treiben zu wollen."

Das war die erste bittere Erfahrung ihres Lebens. Noch im Alter verweilte sie ungern bei der Erinnerung an die unbarmherzige Art, mit der ihr innigster Herzenswunsch als „kindisch abgeschmackter Einfall" verlacht worden war. Was ihr aber damals der Geist der Zeit, in der sie geboren war, verweigerte, zu fassen und zu halten, was sie sichtlich umgab oder bildlich umschwebte, das führte sie dreißig Jahre später aus, wenn auch in anderer Weise. Nur ein geringer Anstoß genügte, um ihr die Feder in die Hand zu geben.

In der uralten Graumünchenkirche (Trinitatiskirche) wurde Johanna von Prediger Weidemann eingesegnet, und zwar allein. An der öffentlichen Konfirmation teilzunehmen, wurde nur für die Kinder des niederen Bürgerstandes schicklich gefunden. Ebenso nahm sie mit ihren Eltern allein das Abendmahl. Damit war sie in die Reihen der Erwachsenen gestellt und von sämtlichen Unterrichtsstunden befreit, obgleich sie erst vierzehn Jahre alt war. „Sie hatte die zierlichen Formen, die klaren blauen Augen und das hellbraune Haar von der Mutter. Ihre Gesichtszüge waren mehr anmutig als schön. Bis ins Greisenalter bewahrte sie, selbst nachdem ihre Figur durch Korpulenz und das Höherstehen der linken Hüfte verdorben war, in ihrer Erscheinung und Unterhaltung eine Grazie, die ihrer nie gesättigten Neigung zur Geselligkeit in den verschieden=

sten Kreisen der Gesellschaft sofort Beachtung sicherte. Dabei hielt sie sehr auf sich selbst und war sich ihrer Vorzüge von früher Jugend an wohl bewußt. Personen gegenüber, die ihr nicht rangfähig erschienen, konnte sie sich mitunter recht hochmütig benehmen."[1]

Sehr belustigend ist die Schilderung ihres ersten Auftretens in dem Kreise der Erwachsenen, die sie in ihrem Werke „Jugendleben und Wanderbilder" gibt; sie gestaltete sich in des Wortes wahrster Bedeutung zu einer Niederlage. Mit glücklich konservierter Frisur war sie nach den Eltern aus dem Wagen gestiegen; alles war in erwünschter Ordnung, nicht ein Stäubchen Puder hatte an dem hohen Haarturm sich verschoben, dessen breite Fläche ein Labyrinth von Federn, Blumen und Perlen krönte. Stolz wogte das neue seidene Kleid über den ansehnlich großen Reifrock. Auf goldgestickten Schuhen mit wenigstens zwei Zoll hohen, dünnen Absätzen trippelte sie an der Hand der älteren Tochter des Hauses, die ihr entgegengekommen war, zwei hohe Treppen bis zum Saale hinauf. So schön geputzt, bei so bänglich klopfendem Herzen, war sie in ihrem Leben noch nicht gewesen. Die Flügeltüren flogen auf. — Hatten die langen Schleppen sich ineinander verwickelt? Die Reifröcke miteinander karamboliert? Ein Strohhalm, ein Rosenblatt auf der Schwelle die Füße ins Gleiten gebracht? Alle beide, sich fest an der Hand haltend, fielen mitten in eine große Gesellschaft festlich geputzter Herren und Damen, platt auf die Nase!

---

[1] Gwinner, Schopenhauers Leben, S. 10.

An anderer Stelle beschreibt Johanna ihr Ballkostüm, die kostbarere und schwerer belastete Kleidung der Mutter, das Auflegen der schwarzen, aus englischem Pflaster geschlagenen, winzig kleinen Monde, Sterne, Herzchen, Musche genannt, die mit Auswahl und Geschmack im Gesicht angebracht, dessen Reize erhöhen sollten. Auch die damaligen Herrenmoden finden Erwähnung, z. B. daß Stiefel nur bei schmutzigem Wetter getragen werden, und es höchst unpassend ist, in einer Gesellschaft, in der Damen zugegen sind, in Stiefeln zu erscheinen. „Selbst die ältesten Männer gingen täglich, ohne Besorgnis, sich zu erkälten, in Schuhen und seidenen Strümpfen einher."[1]

---

[1] Johanna Schopenhauer, Jugendleben und Wanderbilder I, S. 106.

Heinrich Floris Schopenhauer.

Heinrich Floris Schopenhauer.

Als Johanna im Jahre 1784 den Sohn eines der angesehensten Danziger Handelsherren, Heinrich Floris Schopenhauer, kennen lernte, stand sie fast noch auf der letzten Stufe der Kindheit. Trotzdem hatte sie bereits einen schmerzlichen Liebestraum erlebt. Sie war aber nicht empfindsam oder gar zu Schwermut geneigt, sondern weltdurstig, phantasievoll, zu heiterem, geselligem Lebensgenusse wie geschaffen. Ihre fröhliche Art war es vornehmlich gewesen, die den ernsten, fast zwanzig Jahre älteren Mann zu ihr hingezogen hatte. Heinrich Floris Schopenhauers äußere Erscheinung war eher häßlich als schön. Er war hochgewachsen, hatte aber ein breites Gesicht mit vorspringendem Kinn und aufwärts gestülpter Nase. Doch besaß er ungewöhnliche geistige Bildung, warme Freiheitsliebe, ein stets rechtliches Betragen und durch dieses alles die Liebe und das Vertrauen seiner Mitbürger in hohem Grade. Er zog englische Sitten und Lebensformen allen anderen vor. Seine ausgeprägt republikanische, reichsstädtische Gesinnung hinderte ihn, den Titel eines Hofrats anzulegen, den ihm der König von Polen verliehen hatte. Ebenso wenig benutzte er das Patent vom 9. Mai 1773, in dem Friedrich der Große ihm und seinen Nachkommen aus freien Stücken volle Niederlassungsfreiheit in den preußischen Staaten zugesagt hatte.

Über ihr Verhältnis zu ihm sagt Johanna: „Aus freiem Entschluß sprach ich in Gegenwart meiner Eltern das erbetene Ja sogleich aus, sogar ohne die damals gewohnte Bedenkzeit von drei Tagen mir vorzubehalten. Alfanzereien dieser Art strebten meinem geraden Sinne immer entgegen, und, ohne es zu wissen, stieg ich durch dieses, mein ungeziertes Benehmen in der Achtung des vorurteilsfreiesten Mannes, den ich je gekannt. Noch vor Vollendung meines neunzehnten Jahres war mir nun durch diese Verbindung die Aussicht auf ein weit glänzenderes Los geworden, als ich jemals berechtigt gewesen, zu erwarten; doch daß dies in so früher Jugend meine Wahl nicht bestimmen konnte, ja daß ich kaum daran dachte, wird man mir hoffentlich zutrauen. — Ich meinte mit dem Leben abgeschlossen zu haben, ein Wahn, dem man in früher Jugend nach der ersten schmerzlichen Erfahrung sich so leicht und gern überläßt. Meine Eltern, alle meine Verwandten mußten meine Verbindung mit einem so bedeutenden Manne, wie Heinrich Floris Schopenhauer in unserer Stadt es war, für ein sehr glückliches Ereignis nehmen, doch haben weder mein Vater noch meine Mutter sich erlaubt, meinen Entschluß leiten zu wollen, obgleich Herrn Schopenhauers Betragen gegen mich zu auffallend war, als daß seine Erklärung sie hätte überraschen können. — Glühende Liebe heuchelte ich ihm ebenso wenig, als er Anspruch darauf machte; aber wir fühlten beide, wie er mit jedem Tage mir werter wurde."[1]

---

[1] Johanna Schopenhauer, Jugendleben und Wanderbilder.

Ihr Brautstand währte nur wenige Wochen. „Vom 10. April bis zum 16. Mai ist eine gar kurze Zeit!" schreibt Johanna. „Viele meines Geschlechts achten die Brauttage für die glücklichsten ihres Lebens; mir waren sie es nicht, obgleich ich gegen das Gefühl, sowohl in der Familie als in der Gesellschaft plötzlich eine Hauptperson geworden zu sein, nicht ganz gleichgültig bleiben konnte. Auch mag ich nicht leugnen, daß die geschmackvollen und zum Teil sehr kostbaren Geschenke mich freuten, mit welchen mich, die auch in dieser Hinsicht an Mäßigkeit Gewöhnte, mein Bräutigam verschwenderisch überhäufte. Das liebste von allem war mir immer der aus den seltensten und duftendsten Blumen zusammengesetzte Strauß, der morgens mein Erwachen begrüßte. Sonntags und bei großen festlichen Gelegenheiten war ein solcher Strauß ein althergebrachter Tribut, den jede Braut zu erhalten erwarten durfte. Ich erhielt den meinigen alle Tage, weil mein Bräutigam behauptete, daß jetzt in seinem Kalender lauter Sonntage ständen!"

Bänglich beklommen sah sie dem Herannahen des Hochzeitstages entgegen; altreichsstädtischer Prunk und altreichsstädtische Gebräuche pflegten sich dabei in den angesehenen Familien in voller Kraft zu zeigen und den Tag für die Braut zu einem Tage der Furcht und des Schreckens zu machen. Schopenhauer teilte mit Johanna den Widerwillen gegen den Brauch, in solcher ernsten, Glück oder Unglück des künftigen Lebens feststellenden Stunde, gleichsam dem Publikum ein Schauspiel zu geben. Daher schoben sie den Hochzeitstag

scheinbar noch ins Ungewisse hinaus, während in der Stille alles darauf vorbereitet wurde. Einfach in weißen Musselin gekleidet, den Myrtenkranz im Haar, fuhr die Braut mit ihrem Verlobten am 16. Mai 1784, dem zweiten Pfingstfeiertage, nach der Kirche „Aller Engel" an der Lindenallee auf dem Wege nach Lang=
fuhr, um sich dort trauen zu lassen. Nur die Eltern und Geschwister wohnten der Feier bei und begleiteten nach der Trauung das junge Paar nach dem Landhause Schopenhauers vor Oliva.

Vorhaus und Zimmer waren dort mit duftenden Blumen und Kränzen geschmückt. In heiterer Stille brachten sie den Tag zu, herzlich froh, der geräuschvollen Feier desselben ausgewichen zu sein.

In diesem Landhause verlebte Johanna den Sommer in stetem Wechsel zwischen tiefer Waldeinsamkeit, ge=
räuschvollem Treiben, wie die Nähe einer großen See=
stadt es herbeiführt und dem stilleren Genuß ruhiger Geselligkeit. Oft blieb die junge Frau die ganze Woche in ununterbrochener Einsamkeit, bis der Sonnabend ihren Mann, von ein paar Freunden begleitet, hinaus=
führte. Mit ihnen verlebte sie den Tag in friedlichster, ruhigster Häuslichkeit; an dem dann folgenden Sonn=
tage schien das Speisezimmer für die Zahl geladener und ungeladener Gäste kaum Raum genug zu bieten. Jedermann war willkommen. Montag abend trat wie=
der die gewohnte Stille ein.

Was Johanna an gründlicher Bildung abging, wußte ihr reiches Talent an der Seite eines Weltmannes, wie Heinrich Floris Schopenhauer, in der kürzesten Zeit zu ersetzen. Die elegante, mit allem englischen Komfort ausgestattete Einrichtung des Hauses trug nicht wenig zu ihrem Wohlbehagen bei; aber auch höhere Genüsse standen ihr daselbst zu Gebot. Kunstsinnig gewählte Kupferstiche schmückten die Wände der Zimmer, Abgüsse antiker Büsten und Statuen machten sie mit der plastischen Kunst bekannt. Einen unerschöpflichen Quell der Belehrung und Unterhaltung bot ihr die Bibliothek ihres Mannes. Dieser unternahm es bisweilen, ihre Lektüre leiten zu wollen. Doch schreibt sie darüber: „Ich folgte gern und willig seinem Rate, doch seine Bildung in der großen, mir noch fremden Welt, seine Vorliebe für die damalige französische Literatur, besonders für Voltaire, dessen Ruhm damals den höchsten Gipfel erreicht hatte, machten es mir schwer, bei der von ihm getroffenen Wahl meiner Bücher mich seiner Ansicht zu bequemen; es währte lange, ehe es mir gelang, sowohl ihn selbst, als seine Autoren zu verstehen, wie sie verstanden werden mußten, um nicht in Ungerechtigkeit gegen beide zu verfallen." Auch hier war der Prediger Jameson oft ihr Berater. Zu ihm durfte sie mit allen ihren Fragen und Unsicherheiten flüchten, er wußte ihr immer den rechten Gesichtspunkt zu zeigen. Selten verging ein Tag in jener ersten Zeit ihrer Ehe, ohne daß er sie besuchte; und als er 1788 sein Predigeramt in Danzig niederlegte und nach seiner Heimat Schottland zurückkehrte, da empfand sie schmerzlich die Trennung von dem Freunde, der vom ersten Tage ihres Lebens an als treuer Führer neben ihr gestanden hatte.

„Was besaß ich nicht alles?" schreibt sie von jener Zeit in Oliva. „Den großen schönen Garten voll Blumen und Früchte, den Wald mit seinen herrlichen Anhöhen und seinem hohen Laubgewölbe, den großen Gartenteich mit seiner bunt bemalten Gondel, die mein Mann mir aus Archangel hatte kommen lassen, und die so leicht zu regieren war, daß ein sechsjähriges Kind damit hätte fertig werden können! Auch Tiere hatte ich zu meiner Lust; ein Paar Pferde, mit denen ich nach Belieben spazieren fahren konnte, rechnete ich kaum dazu; denn damals mochte ich noch lieber gehen als fahren. Aber zwei schöne, winzig kleine spanische Hündchen, acht Lämmer, deren Toilette die Gärtnerfrau besorgte, so daß sie nie anders als wohlgebürstet und schneeweiß vor mir erschienen. Jedes von diesen trug am Hals eine Glocke von neuer, in England gemachter Erfindung, und alle acht bildeten zusammen eine wie Silber tönende, sehr rein gestimmte Oktave. Der Hühnerhof mit seltenem Geflügel, uralte Karpfen im Teiche, die eilig herbeischwammen, sobald sie meine Stimme hörten, und mit aufgerissenen Mäulern die Brocken, die ich von meiner Gondel ihnen zuwarf, einander abzujagen sich bemühten."

Über die große Verschiedenheit ihres Alters äußerte sich Schopenhauer niemals. Doch wenn er seine Frau mit anderen ihres Alters fröhlich umherflattern sah, bemerkte sie wohl, wie die Erinnerung daran sich ihm wenig erfreulich aufdrängte. Die französischen Romane, die er selbst ihr in die Hände gegeben, hatten sie belehrt, daß bei seinem vieljährigen Aufenthalt in jenem Lande

manche Erfahrung ihm zuteil geworden sein müsse, die
sich wenig dazu eignete, das weibliche Geschlecht in
seinen Augen zu erheben. Sie fühlte, daß ihrer beider
Glück nur von seiner fortgesetzten Zufriedenheit mit
ihr abhängig sein würde, und ehrte und liebte ihn genug,
um alles daranzusetzen, sich diese zu erhalten und sein
Vertrauen zu gewinnen.

Und wollte auch zuweilen ein leises Gefühl von Un=
behagen oder Mißmut auf sie eindringen — ein Blick
auf die wundervolle Szenerie um sie, und es war ver=
klungen.

„In der Abend= wie in der Morgenbeleuchtung, vom
Sturm in seinen tiefsten Tiefen aufgeregt, erglänzend
im hellen Sonnenschein oder von darüber hinfliegenden
Schatten der „Segler der Lüfte" momentan verdunkelt,
bot im Wechsel der Tageszeit das ewig bewegte Meer
mir ein nie mich ermüdendes Schauspiel; und wenn
ich abends die Jalousien vor meinem Fenster nicht schloß,
weckte mich der erste Strahl der mir gegenüber aus der
Ostsee glorreich sich erhebenden Sonne. Mitternacht kam
oft heran, die unaussprechliche Herrlichkeit der lauen nor=
dischen Sommernacht, während welcher die Sonne nur
wie zum Scherz auf wenige Stunden sich verbirgt, hielt
lange noch am offenen Fenster mich fest. Der purpur=
rote Streif, der am Horizont die Stelle des Unter=
gangs der Sonne bezeichnet, war noch nicht erloschen,
die zweite Morgenstunde hatte noch nicht geschlagen, und
schon erglühte der östliche Himmel in immer steigender
Pracht. Ich sah beide Leuchttürme, den auf der Insel
Hela und den am Danziger Strande, Meteoren gleich

durch die Dämmerung blinken, lauschte noch eine Weile dem Geflüster der Bäume im nahen Walde, dem wunderlichen Gezwitscher der träumenden Vögel in meinem Garten, bis endlich das Geriesel des nie rastenden Springbrunnens unter meinem Fenster mich unwiderstehlich einlullte."

Es gab jedoch auch tiefe Schatten neben dem Glück, das das eheliche Leben Johanna geboten zu haben scheint. Diese fielen hauptsächlich in die letzten Lebensjahre Floris Schopenhauers, wie wir an späterer Stelle sehen werden.

Die Geburt des Sohnes.

Dem weltoffenen, nach außen gerichteten Sinne Johannas, den sie selbst mit den Worten Goethes schildert:

„Ich sah die Welt mit liebevollen Blicken,
Die Welt und ich, wir schwelgten in Entzücken"

leistete ihr Gatte mehr Vorschub, als gut für sie war. Denn was die Heimat bot, so viel es auch sein mochte, schien bald nicht mehr zu genügen.

Im Jahre 1787 machte sie mit ihrem Manne eine Reise nach England. In der Mitternachtsstunde des Johannistages reiste das Ehepaar von Oliva ab. Johanna gefiel dies außerordentlich; es kam ihr „poetisch" vor. Die Koffer wurden aufgeschnallt, ein dazu eingerichtetes Magazin unter dem Wagen mit Weinflaschen gefüllt, die großen Seitentaschen im Wagen mit Zitronen, Apfelsinen und ähnlichen guten Dingen, ein gewaltig großer Speisekorb voll Proviant aufgepackt. So ging es zunächst nach Berlin. Schritt vor Schritt zogen vier müde Postpferde den Wagen durch tiefen Sand, durch armselige Städte und noch armseligere Dörfer; die Nachtquartiere, die unterwegs sich boten, waren mehr oder weniger von abschreckender Beschaffenheit. Trotz alledem kamen sie nach einer Reise von vier oder fünf Tagen und Nächten ganz wohlgemut in Berlin an und kehrten in dem damals berühmtesten Gasthof zur gol=

denen Sonne, der auch Hotel de Russie genannt wurde, ein. Wie groß war das Erstaunen der jungen Frau, als sie beim Aussteigen entdeckte, daß sie auf ihren übermäßig angeschwollenen Füßen weder gehen noch stehen konnte! Ohne langes Bedenken nahm ihr Mann sie wie ein Kind auf den Arm, trug sie die Treppe hinauf und suchte sie unterwegs mit der Versicherung zu beruhigen, daß sie nach einer, in einem guten Bette durchschlafenen Nacht wieder ganz hergestellt sein würde. Ihr Zustand sei nur die natürliche Folge der ununterbrochen fortgesetzten Reise. Sie hätte sich mit der Versicherung auch gern zufrieden gegeben, wenn nur nicht die Schildwache vor dem Hause überlaut gesagt hätte: „Ein nettes Frauenzimmerchen! Schade, daß es kreuzlahm ist." Das war ihr ärgerlich.

Von Berlin gings nach acht Tagen weiter nach Hannover, wo Schopenhauer wegen beginnender Abnahme seines Gehörs einen berühmten Arzt befragte; dann auf dessen Verordnung einige Wochen nach Pyrmont. Johanna, die das Aufsuchen eines Badeortes bisher immer nur für einen letzten Versuch gehalten hatte, die dem Grabe zusinkende Gesundheit wiederherzustellen, war überrascht von dem bunten, munteren Leben, wie es ihr hier entgegentrat. Sie kam sich inmitten des lebhaften Treibens vor, wie ein „ins weite Meer gefallener Regentropfen"; allein wie immer trat ihr Mann als weltkundiger Führer ihr hilfreich zur Seite. Im Kreise früherer Bekannten, die er bald aufgefunden hatte, fühlte sie sich in kurzer Zeit heimisch. Unter den vielen Menschen, die sie kennen lernte, war die bedeu=

tendste Persönlichkeit Justus Möser, der sich ihr in herzlicher Freundschaft zugetan fühlte.

Nach Kassel und Frankfurt reisten sie, als die Kur beendet war. „Hier in Frankfurt," sagte sie, „wehte ein Hauch vaterländischer Luft mir entgegen. Alles erinnerte mich an Danzig und das dortige reichsstädtische Leben." Sie trug damals den Sohn unter dem Herzen und ahnte nicht, daß dieser dereinst seine zweite Heimat und sein Grab in dieser Stadt finden sollte.

Gent, Antwerpen, Lille, Brüssel wurde besucht; Johanna wurde des Reisens nicht müde. Endlich sah sie Paris, das Wunder der Welt, wo das Fest des heiligen Ludwig am 25. August einen gewaltigen Eindruck auf sie machte. Es war das letzte Namensfest des Königs Ludwig XVI., das so gefeiert wurde; schon sammelte sich drohend über seinem Haupte das furchtbare Unwetter, das ihn und sein Haus vernichten sollte. Durch Vermittelung eines einflußreichen früheren Bekannten konnte die junge Frau in Versailles von einem vorzüglichen Platze aus den königlichen Zug in nächster Nähe betrachten. Düfte des Orients verkündeten schon von ferne sein Herannahen; der blendende Schimmer der Edelsteine, der reichen Stickereien verwirrte ihr Auge, nur einzelne Gestalten blieben in ihrer Erinnerung haften. Sie schreibt darüber in ihren Jugenderinnerungen: „Zuerst der König, in der Mitte der Großen seines Reiches; seine unbehilfliche, zu starke Gestalt, sein schwerfälliger, schwankender Gang fielen keineswegs vorteilhaft auf; eine gewisse schüchterne Unsicherheit, wie man sie einem Könige am wenigsten zutrauen sollte, sprach in seinem ganzen Wesen, wie im Ausdruck seiner übrigens nicht unangenehmen Gesichtszüge sich aus.

Die beiden Brüder des Königs, der Graf von Provence und Graf d'Artois, in späteren Zeiten als Ludwig XVIII. und Karl X. seine Nachfolger, standen in der äußeren Erscheinung hoch über ihm; schöne stattliche Männer, die jeden Vorzug, mit welchem die Natur sie beschenkt hatte, geltend zu machen verstanden. Doch auch sie wurden von ihrem Vetter, dem Herzog von Orleans, bei weitem überragt. Diese hohe, wahrhaft königliche Gestalt, diese schönen, regelmäßigen Gesichtszüge; wer hätte damals das Scheusal der Welt, den Mörder seines königlichen Verwandten, den entsetzlichen Egalité hier vorahnend erkennen sollen, in dessen Brust schon damals die Hölle tobte, der so tief sich herabwürdigte, daß zuletzt selbst der Abschaum der Hefe des Volks, dem er sich zugesellt hatte, ihn verachtend und verhöhnend von einem Gefängnis ins andere, endlich zur Guillotine schleppte, um nur seiner los zu werden!

Und nun die Königin! Die blendendste Erscheinung ihrer Zeit. Sie stand damals in ihrem zweiunddreißigsten Jahr, erblüht zur vollkommensten Entfaltung ihrer Schönheit, ohne an Jugendreiz dadurch verloren zu haben. Schlank und hoch gewachsen, im vollkommensten Ebenmaß der edlen Glieder, unbeschreibliche Anmut in Gang und Blick, mit hoher Würde gepaart, schien die deutsche Kaiserstochter geboren, eine ihr huldigende Welt zu beherrschen und zu entzücken.

Sie war blond, blendend weiß, die regelmäßigen Züge, das schöne Oval ihres Gesichts, die strahlenden,

blauen Augen, die sanft gebogene Adlernase, alles an ihr
vereinte sich zu einer jener zaubervollen Gestalten, wie
die Welt selten sie erblickt. Sogar die damals herrschende
Mode in aller ihrer geschmacklosen Übertriebenheit, ent=
stellte sie nicht, wenigstens nicht in den daran gewöhnten
Augen ihrer Zeitgenossen. Obwohl die Pariser, um
doch einen Tadel an ihr zu finden, hin und wieder be=
haupten wollten, sie habe rötliches Haar, so war es doch
schwer, hierüber zu entscheiden; der damals übliche bräun=
liche Puder à la maréchale, den auch die Königin,
trug, lieh allem Haar einen rötlichen Schein, von wel=
cher Farbe es auch sein mochte.

Ich zweifle, ob die Volkswut ein gut gemaltes ähn=
liches Porträt der Königin unzerstört auf die Nachwelt
kommen ließ. Ich habe, soviel ich auch danach ge=
forscht, nie eines gesehen oder davon gehört.

Auf der großen Terrasse, dicht vor dem Schlosse
saß ein kleiner lächelnder Knabe in einem Kinder=
wägelchen; ein etwa achtjähriges schlankes, etwas bleiches
Mädchen hielt, neben ihm hergehend, ihn beim Händ=
chen und sah mit ruhigen freundlichen Augen in die
bunte regsame Welt hinein, die sie umgab. Der Knabe
war das schuldloseste Opferlamm seiner Zeit, der Dau=
phin; die zierliche kleine Nymphe war seine Schwester,
nachmals Herzogin von Angoulême, die unglückseligste
ihres Geschlechts. Hochgebietend, blendend schön, ging,
die Kinder begleitend, Diana von Polignac; vielleicht
war es nur ihr dem Volke schon damals verhaßter An=
blick, das in ihr eine gefährliche Beraterin der Königin
zu sehen meinte, was die zahllosen Spaziergänger im

Garten abhielt, den kleinen Dauphin, wie sonst, jubelnd zu begrüßen!"

Auf einem englischen Paketboote schiffte sich das junge Paar dann nach England ein. Der Wagen blieb in Calais zurück in dem damals aller Welt bekannten Hotel Dessein. Um nicht in die schwüle dumpfe Kajüte gehen zu müssen, etablierte sich Johanna auf einem, auf dem Verdeck festgebundenen Lehnstuhl. Sie hatte sehr unter der Seekrankheit zu leiden und war froh, als das Schiff in Dover landete.

Schopenhauer hatte den Wunsch, daß sein erstes Kind in England das Licht der Welt erblicken sollte; er wollte dem zu erhoffenden Sohne dadurch die Vorteile verschaffen, die der Engländer in kaufmännischer Beziehung damals in bedeutendem Maße genoß. So richtete sich Johanna, wenn auch schweren Herzens darauf ein, in London ihre Niederkunft zu erwarten. Sie erzählt, daß es ihr diesmal nicht leicht geworden sei, sich dem Wunsche ihres Mannes zu fügen. Erst nach harten Kämpfen mit sich selbst sei es ihr gelungen, das innere Widerstreben zu besiegen und die bange Sehnsucht nach der Gegenwart und Pflege ihrer Mutter in der ihr immer näher rückenden schweren Stunde zu unterdrücken.

September und Oktober vergingen unter mancherlei Freuden und Genüssen; als aber der November mit seinen trüben nebelvollen Tagen nahte, da überkam plötzlich Schopenhauer dieselbe ängstliche Sorge um die nächste Zukunft, von der seine Frau sich soeben los=

gekämpft hatte, und mit Erlaubnis des Arztes wurde die Heimreise angetreten.

Unter unbeschreiblichen Mühseligkeiten ging diese vor sich. In Dover sprang der Wind plötzlich um, und man weckte das Ehepaar des Morgens um drei Uhr, damit es sich zur Seeüberfahrt bereit mache. Schopenhauer wünschte nicht, daß seine Frau sich der Anstrengung des Hinaufsteigens auf das Schiff unterzöge, er ließ sie daher auf einem Lehnstuhl heraufbringen. Doch bestimmte er vorher durch reichliche Trinkgelder die Matrosen, ihm das erst selbst vorzumachen. Er wollte sich von der Sicherheit der Zugvorrichtung überzeugen, ehe er seine Frau ihnen anvertraute, und unter lautem Lachen erfüllten Neptuns lustige Söhne einer nach dem andern sein Begehren[1]). Die Überfahrt bis Calais dauerte vier Stunden. Aus dem günstigen Winde wurde Sturm, und eine heftige Seekrankheit bemächtigte sich der jungen Frau. Auch die weitere Reise auf dem Festland über Lüttich, Aachen, Düsseldorf, Osnabrück, Berlin nach Danzig war außerordentlich anstrengend auf den unwegsamen Straßen und mit mancherlei unerfreulichen Hindernissen verknüpft. Aber der Ausspruch des um seinen Rat gefragten englischen Arztes, „daß für Frauen in solchem Zustande Bewegung sehr heilsam sei und noch nie eine an Seekrankheit gestorben sei, daß sie daher die Reise nach dem Kontinent antreten könnte", bewährte sich, wie Johanna schreibt, glorreich durch den Erfolg. Glücklich und gesund langte

---

[1]) Johanna Schopenhauer Jugendleben, S. 163.

sie am letzten Tage des Jahres 1787 in Danzig wieder
an. Von allen, die ihr nahe standen, auf den Händen
getragen, vergingen ihr schnell die Tage und Wochen und
am 22. Februar des folgenden Jahres, 1788, wurde
sie die frohe Mutter eines kräftigen, gesunden Knaben[1]).

Etwa ein Jahr später gab Johannas Vater Trosiener
sein Geschäft auf und pachtete die Stadtdomäne Stutthof, wo er später, 1797, starb. Sie lag auf der Neh-
rung und war etwa fünf Meilen von Danzig entfernt. Die Tochter besuchte die Eltern oft und trug
aus den ihr ganz neuen Verhältnissen des Landlebens
den Gewinn davon, manche wichtige Ansicht dem Leben
abzulauschen, die ihr sonst verborgen geblieben wäre.
Alles interessierte sie. Die eigentliche Landwirtschaft
machte ihr große Freude; die noch aus der Zeit der
Ordensritter stammenden Vorrechte und Privilegien, die
Überbleibsel jenes, den freien Landmann zum Leibeigenen
herabwürdigenden Feudalismus des Mittelalters, em-
pörten ihren Freiheitssinn. So war sie zum Beispiel sehr
unwillig über den Frohnknecht, der mit der Karbatsche
dabei stand, wenn am Sonnabend Frauen und Mädchen
aus dem Dorfe mit Besen und Rechen den Hof vor dem
Herrenhause reinigten.

Von ihren Besuchen bei den Ihrigen schreibt sie:

„Glückliche, glückliche Zeit, die ich damals mit ihnen
verlebte! Jeder meiner Besuche glich einem Wiederfinden
nach langer Trennung. Was hatten wir nicht alles

---

[1]) Das Geburtshaus Arthur Schopenhauers liegt in der
Heiligen Geistgasse und führt heute die Nummer 114.

einander zu sagen, zu erzählen, zu vertrauen, meine Mutter, meine Schwester Lotte und ich! Es war so wenig, so unbedeutend und uns doch so viel, daß oft die Mitternacht über unserem traulichen Geschwätz heranschlich!"

Auf Reisen.
Floris Schopenhauers Tod.

Der Ausbruch der französischen Revolution, der in seinen Anfängen nicht die Greuel der späteren Jahre ahnen ließ, steigerte die republikanische Gesinnung des Schopenhauerschen Paares zur Begeisterung. Als mit der preußischen Blockade 1793 die letzte Hoffnung auf Erhaltung der reichsstädtischen Freiheit Danzigs schwand, verließ Heinrich Floris Schopenhauer, der um keinen Preis Bürger einer Monarchie werden wollte, mit seiner gleichgesinnten Gattin und dem damals fünfjährigen Sohne die Heimat, wenige Stunden, ehe die preußischen Truppen die Stadt besetzten, und wandte sich in eiliger Flucht durch das damals schwedische Pommern nach Hamburg. Er betrat seine Vaterstadt nie wieder; doch gestattete er Johanna, der die Trennung von ihren Verwandten sehr schmerzlich war, öftere Besuche.

Ein Teil des großen Vermögens war bei dieser plötzlichen Übersiedelung eingebüßt. Die Auswanderungssteuer allein kostete den zehnten Teil; unter ungünstigen Zeitverhältnissen wurde das Handelsgeschäft in Hamburg fortgesetzt. 1794 kehrte Johanna nach Danzig zurück, um dort Haus und Landsitz zu verkaufen. 1797 wurde dem Paare eine Tochter „Adele" geboren.

Aus dieser Zeit, aus dem Jahre 1794 befindet sich im Goethe=Museum zu Weimar eine leicht kolorierte Bleistiftzeichnung der Johanna Schopenhauer. Sie ist von Gus. Guibert 1794 unterzeichnet. Auf der Rückseite steht von der Hand Frau Ottiliens von Goethe: „Porträt von der Hofrätin Schopenhauer."

Während ihres zwölfjährigen Wohnsitzes in Hamburg schlossen sich der Familie die besten Kreise der liberalen Schwesterstadt auf. Aber der Verlust der Heimat schien die Wanderlust der Ehegatten fast krankhaft vermehrt zu haben. Denn außer den Besuchen der jungen Frau in Danzig unterbrachen ihren Hamburger Aufenthalt zahlreiche große und kleine Reisen. Dazu entwickelte sich in kurzer Zeit ein lebhaftes geselliges Leben weit über ihren Stand[1]) in ihrem gastlichen Hause, so wie Schopenhauer es schon im ersten Jahr seiner Ehe eingeführt hatte; und die Virtuosität Johannas in der Anknüpfung neuer geselliger Verhältnisse, die Geläufigkeit ihrer englischen und französischen Konversation trugen viel dazu bei, diese Geselligkeit zu einer heiter anregenden zu machen. Schon in den ersten Jahren ihres Hamburger Aufenthalts kamen sie mit vielen ausgezeichneten Zeitgenossen in Berührung, mit Klopstock, Staël, Feldmarschall Kalkreuth, Lady Hamilton, Nelson und anderen.

Auch ihre Reisen führten sie mit literarisch und politisch bedeutenden Persönlichkeiten zusammen, und Johanna war stets bemüht, den Kreis ihrer Anschauungen und ihres Wissens zu erweitern. Im Jahre 1803 ging sie mit ihrem Gatten und mit ihrem Sohne, die kleine Adele in Hamburg zurücklassend, durch Hol-

---

[1]) Brief Adeles an Ottilie vom 2. 1. 1828 in der Publikation der Goethe-Gesellschaft 1913.

Hofrätin Schopenhauer.
(Original im Goethe-Museum; gem. von Gus. Guibert.)

land und das nördliche Frankreich nach London, besuchte Schottland, den größten übrigen Teil der britischen Halbinsel und vervollkommnete dann in Paris ihre Kenntnisse in der Miniaturmalerei. Die Reise durch das südliche Frankreich, die Schweiz, Österreich und Deutschland schloß sich an. Johanna hat später vielgelesene Beschreibungen darüber veröffentlicht, deren Stoff sie aus genau geführten, damals noch ohne jede literarische Absicht geschriebenen Tagebüchern schöpfte. Auch den fünfzehnjährigen Sohn hielt sie zur Führung eines Reisetagebuches an.

Der Vater hatte seinen Sohn aus besonderen Gründen auf diese Reise mitgenommen. „Mein Sohn soll aus dem Buche der Welt lesen", waren seine Worte. Schon den neunjährigen Knaben hatte er nach Frankreich gebracht, um ihn über zwei Jahre in der Familie eines Geschäftsfreundes in Havre zu lassen. Jetzt war in dem Herzen seines Sohnes eine brennende Liebe zur Wissenschaft erwacht. Er wünschte, im Gelehrtenberufe sie befriedigen zu dürfen. Lange widerstand der Vater seinen Bitten; er hatte ihn vom ersten Tage seines Lebens für das Handelsfach bestimmt und wollte sich von diesem Gedanken nicht trennen. Schließlich griff er zu einer List. Er benutzte die Sehnsucht des Knaben nach seinem gleichaltrigen Freunde in Havre, rechnete auf seinen mächtigen Trieb die Welt zu sehen und stellte ihn vor die Wahl, entweder sofort in ein Gymnasium einzutreten oder, wenn er darauf verzichten wollte, mit den Eltern eine Reise zu machen. Nach dieser Reise aber müßte er dann die Handlung erlernen.

Arthur wählte das letztere. Ihn lockte die Reise; er versprach, nachher Kaufmann zu werden.

Johannas Empfindungen für ihren Sohn in den ersten Jahren seines Lebens schildert sie selbst: „Wie alle jungen Mütter spielte auch ich mit meiner neuen Puppe, war fest überzeugt, daß kein schöneres, frömmeres und für sein Alter klügeres Kind auf Gottes Erdboden lebe als das meinige, und hatte am Tage wie bei der Nacht kaum einen anderen Gedanken als meinen Sohn Arthur."

Jetzt auf der Reise fand sie häufig Gelegenheit, unzufrieden mit ihm zu sein. Arthurs Entwickelung hatte ziemlich selbständige Wege eingeschlagen. Seine ersten Lebensjahre hatte er in freier Ungebundenheit auf dem Lande in Oliva und bei den Großeltern in Stutthof zugebracht. Er war ein frohes zutrauliches Kind und hielt später aus jener Zeit die Erinnerung an ein kleines Erlebnis fest; wie er einen Schuh in ein großes Gefäß mit Milch geworfen hatte und nun den Schuh recht herzlich bat, doch wieder herauszuspringen. „Auch die Bosheit der Tiere muß das Kind kennen lernen, ehe es sich hütet"[1]), fügt er hinzu. Die große Unruhe, die durch den hastigen Fortgang Floris Schopenhauers von Danzig in die Familie kam, blieb nicht ohne Einfluß auf das Kind. Im Jahre 1819 schrieb Arthur Schopenhauer darüber in seinem Lebenslauf: „So ward ich schon in zarter Kindheit heimatlos."

Dann kam die unstäte Lebensweise in Hamburg;

---

[1]) Aus späteren Manuskripten Schopenhauers.

das durch Reisen und Geselligkeit so oft unterbrochene Familienleben, das ihn oft sich selbst überließ; der Aufenthalt in Frankreich im Hause Grégoire de Blésimaires und der Verkehr mit dessen ihm gleichalterigen Sohne Anthime, der seinen Neigungen für Freiheit und Selbständigkeit nichts in den Weg legte. Er verlernte fast ganz seine deutsche Muttersprache und machte die Rückreise von Havre nach Hamburg allein; ohne Begleitung, stolz auf seine damit bewiesene Selbständigkeit. In der Erziehungsanstalt des Dr. Runge in Hamburg verblieb er die nächsten vier Jahre, bis die Eltern ihn auf ihre große Reise mitnahmen. Bei einem in der Nähe Londons wohnenden Geistlichen M. Lancaster ließen sie ihn von Juli bis September 1803 zurück, während sie in dem Norden der britischen Insel Ausflüge machten; er sollte sich hier in die steifen gebundenen Formen des englischen Lebens finden. Das sagte ihm wenig zu und bereitete ihm viele Verstimmungen. Die Freiheit, die ihm in Frankreich gelassen worden war, nach der er sich in Hamburg immer wieder gesehnt hatte, und nun die neuen Einflüsse in England, die ihn veranlaßten zu sagen, er könnte wegen der Steifheit und „infamen Bigotterie" die ganze Nation hassen, waren zu stark und einander zu sehr entgegengesetzt, als daß sie imstande gewesen wären, den Charakter eines so jungen Kindes harmonisch zu entwickeln. Die Mutter mit ihrem Einfluß war machtlos dagegen, zumal ihr Wort in Erziehungsfragen dem selbstherrlichen Vater gegenüber wenig galt, wie sie es später in einem Briefe an Arthur vom 28. April 1807 sagt; „durch direkten Befehl oder durch Schlauheit" ohne Rücksicht auf Wünsche oder Veranlagung des Sohnes geschah alles nur, weil der Vater es so wollte.

Damals in England antwortete die Mutter ihm auf seine heftigen Klagen mit Ermahnungen und Vorwürfen.

Man würde wenig Gewicht auf ihre Briefe legen, sondern sie als übliche Erziehungsversuche bei einem fünfzehnjährigen Knaben halten, wenn sie nicht schon den Beginn der Dissonanz zeigten, die später immer schroffer werdend, zum völligen Bruche zwischen Mutter und Sohn führen sollte.

So schrieb ihm Johanna am 19. Juli: „So wenig ich für steife Etikette eingenommen bin, so kann ich doch das rauhe, sich nur selbst gefallende Wesen und Tun noch weniger leiden. Du hast keine üblen Anlagen dazu, wie ich oft zu meinem Verdruß bemerkt habe, und es ist mir lieb, daß du jetzt unter Leuten von anderem Schlage leben mußt, obgleich sie vielleicht ein wenig zu sehr auf die andere Seite ausschweifen. Ich werde mich herzlich freuen, wenn ich bei meiner Zurückkunft merken werde, daß du etwas von diesem komplimentenreichen Wesen, wie du es nennst, angenommen hast; dafür, daß du es übertreiben werdest, ist mir nicht bange."

Aber ebenso wenig wie es ihr gelang, mit ihren Worten die Schroffheit ihres Sohnes zu mildern, ebenso vergeblich war ihr Rat, er möge lieber Ernstes lernen, anstatt sich immer nur mit der Kunst zu beschäftigen. „Du weißt," schrieb sie am 4. August, „ich habe Gefühl fürs Schöne, ich freue mich, daß du es von mir vielleicht geerbt hast; aber dies Gefühl kann uns nun einmal, in dieser Welt, wie sie ist, nicht zum Leitfaden dienen, das Nützliche muß vorangehen, und alles in der Welt wollte ich dich lieber werden sehen, als einen sogenannten Belesprit." — Ob sie mit diesem Rat recht hatte, oder ob sie ihren Sohn doch nicht ganz richtig verstanden hat, wage ich nicht zu entscheiden.

Von Berlin aus begleitete der Sohn im September 1804 seine Mutter nach der alten Heimatstadt Danzig, um in der Marienkirche konfirmiert zu werden. Mitte Dezember kehrten sie nach Hamburg zurück. In dieser Zeit in Danzig erhielt Arthur Schopenhauer am 23. Oktober einen Brief seines Vaters, der so beginnt[1]): „Mein lieber Sohn! Da Du nunmehr mir schriftlich die Angelobung machest, schön und flüchtig schreiben und perfekt rechnen zu lernen, so will ich dann mir auch darauf verlassen, mit Bitte es ebenfalls dahin zu bringen, wie andere Menschen aufrecht zu gehen, damit du keinen runden Rücken bekommst, welches abscheulich aussieht: Die schöne Stellung am Schreibepulte wie im gemeinen Leben ist gleich nötig; denn wenn man in den Speisesälen einen so darnieder gebückten gewahr wird, nimmt man ihn für einen verkleideten Schuster oder Schneider."

Weiter handelt der Brief von einem neuen Anzug, von dem Lernen im Comptoir und in der Reitschule, von der Übung in der englischen und französischen Sprache.

Am 20. November 1804 schrieb der Vater abermals; es ist sein letzter Brief an den Sohn. Er lautet: „... Und was dem Geradegehen und =sitzen betrifft,

---

[1]) Gwinner, S. 26.

so rate ich Dich, jedweden, der mit Dir umgeht zu bitten, dir einen Schlag zu reichen, wenn du gedankenlos ob dieser großen Sache dich antreffen läßt. So haben Fürstenkinder verfahren und nicht den Schmerz gescheut für wenige Zeit, bloß nicht als Tölpel ihr Leben lang zu erscheinen. Nichts kann als dieses helfen und ich korrigiere dermalen den jungen Lehmann mit Sukzeß von diesem Erziehungsfehler. Du wirst mit Deiner lieben Mutter und Schwester in der Mitte des Dezembers das gute Danzig verlassen und so noch mehr als drei Monate darinnen verlebt haben. Vom tanzen und reiten kann man nicht leben als Kaufmann, dessen Briefe gelesen werden sollen und folglich gut geschrieben werden müssen. Hin und wieder finde ich die großen Buchstaben deiner Schreiberei noch immer wahre Mißgeburten, besonders im Teutschen, welches als deine Muttersprache dir keines einzigen Fehlers in der Handschrift zeihen müßte. Es ist ganz gut, daß du in Danzig konfirmiert werden wirst, hier aber noch Morgens die Vorlesungen des Herrn Runge in der Theologie anhören und stets Dich bescheiden, sittlich und fleißig betragen. Adieu. Heinrich Floris Schopenhauer."

In Hamburg trat Arthur Schopenhauer gleich nach Neujahr 1805 bei Senator Jenisch in die kaufmännische Lehre. Drei Monate darauf, im April, erfolgte der plötzliche Tod seines Vaters. Die Art desselben — er stürzte aus einer hohen Speicheröffnung in den Kanal — erregte Aufsehen. Es ging das Gerücht, daß er in einem Anfall von Trübsinn, wegen eingebildeter oder wirklicher Vermögensverluste freiwillig geendet habe; mehrfache Äußerungen seiner Witwe und seines Sohnes geben kaum einem Zweifel Raum, daß jenes Gerücht begründet gewesen sei. In einem Briefe Adeles an Ottilie von Goethe vom Jahre 1819 findet sich dafür die Bestätigung[1]).

Über das eheliche Verhältnis Johanna Schopenhauers zu ihrem Manne ist uns kaum etwas Genaueres berichtet. Johanna selbst bemühte sich, allem, was ihr begegnete, die beste Seite abzugewinnen; sie hat nie geklagt, so auch nicht über ihre Ehe. Aber wenn man einzelne Tatsachen und einzelne ihrer Aussprüche zusammenstellt, so gewinnt man doch das Bild, daß die zwanzig Jahre ihres Zusammenlebens mit ihrem Manne manches Schwere für sie mit sich geführt haben.

Schon sein Benehmen vor der Geburt des Sohnes zeigt das Sprunghafte und Despotische seiner Bestimmungen. Nach schweren inneren Kämpfen fügt sich Johanna seinem Wunsche, in London die Geburt ihres Kindes zu erwarten. Dann aber, mehrere Monate später, als schon die Geburt nahe bevorstand, entscheidet er sich plötzlich wieder, abzureisen und mit ihr in die Heimat zurückzukehren.

Die Harthörigkeit, deretwegen Schopenhauer 1787 mit seiner jungen Frau Pyrmont aufgesucht hatte, nahm im Laufe der Jahre zu und machte ihn reizbarer und heftiger, als es ohnedies in seiner Natur lag. Dazu stellte sich eine häufige Gedächtnisschwäche ein, die zum Grund pathologisch erbliche Belastung hatte. Er scheint

---

[1]) Publikation der Goethe-Gesellschaft 1913.

in seinem letzten Lebensabschnitt nicht frei von Geistesstörungen geblieben zu sein. Gwinner erzählt zum Beispiel[1]): „Ein Freund der Familie, der ihm, dankbar für früher genossene Gastfreundschaft, während seines Londoner Aufenthaltes 1803 manche Gefälligkeit erzeigt hatte und ihn im Herbst des folgenden Jahres besuchte, fand ihn auf seinem Comptoir in großer Aufregung und wurde von ihm mit den Worten empfangen: „Ich kenne Sie nicht! Es kommen so viele, die sagen, ich bin der und der — ich will nichts von Ihnen wissen." Als sich der Freund verblüfft entfernte, folgte ihm ein Kommis, der den Prinzipal entschuldigte: „Er komme später gewöhnlich zur Besinnung." Am nächsten Tag hatte Schopenhauer den Freund dann zu Tisch gebeten und versöhnte sich mit ihm.

Wie Johanna Schopenhauer bald nach ihrer Verheiratung zu der Überzeugung kam, daß ihrem Manne wohl bei seinem vieljährigen Aufenthalt in Frankreich manche Erfahrung zuteil geworden sein müsse, die sich wenig dazu eignete, das weibliche Geschlecht in seinen Augen zu erheben, ebenso sah sie auch schon früh ein, daß ihrer beider Glück nur von seiner fortgesetzten Zufriedenheit mit ihr abhing, und sie bemühte sich darum, ohne sich, wie sie sagt, „deshalb zur Heuchelei und sogenannten kleinen Weiberkünsten zu erniedrigen. Ich blieb gegen ihn wahr und offen, wie er es stets mir gegenüber gewesen und befand mich wohl dabei"[2]).

---

[1]) Gwinner, S. 27.
[2]) Johanna Schopenhauer, Jugendleben, S. 122.

Aber es wird ihr in späteren Jahren oft nicht möglich gewesen sein, den Frieden im Hause zu erhalten, nach dem sie sich jederzeit sehnte, und der ihr nach ihres Mannes Tode so viel wert war. Johanna muß viel bittere Erfahrungen gemacht haben, sonst hätte sie nicht davon sprechen können, daß sie von ihren Kindern „Ersatz für die verlorene Jugend" hoffe[1]); sonst hätte sie nicht so energisch immer wieder ihrem Sohne gegenüber betont, daß ihr der häusliche Friede zum Leben notwendig sei und sie sich damit jetzt glücklicher fühle als jemals in ihrem Leben vorher.

In der neuesten Publikation der Goethe-Gesellschaft 1913 erhalten wir in einzelnen Briefen Adeles an Ottilie die Gewißheit, daß diese Vermutung zutreffend ist, daß Johanna kein Herzensglück in ihrer Ehe gefunden hat. Sie „kannte keine natürlichen Verhältnisse," sagt ihre Tochter, „da mein Vater mit ihr ohne Liebe und weit über unseren Stand lebte"[2]).

Viel deutlicher noch spricht sie sich darüber in einem Briefe vom 26. Juni (?) 1819 aus[3]). Mutter und Tochter befanden sich in Danzig zur Ordnung ihrer Vermögensverhältnisse, und Arthur hatte in einem, wie Adele sagt, sonst gemäßigten Briefe an die Mutter die Worte gebraucht: „Obgleich Sie das Andenken des Ehrenmannes, meines Vaters, weder in seinem Sohne noch in seiner Tochter geehrt haben." Adele, die den Brief erbrochen hatte, las der Mutter diese Worte nicht

---

[1]) Schemann, S. 65. Brief vom 28. April 1807.
[2]) Brief Adeles vom 2. Januar 1828.
[3]) Publikation der Goethe-Gesellschaft 1913.

mit vor; aber als diese den Brief später beantworten wollte, nahm sie ihn mit in ihr Zimmer und fand nun selbst die verhängnisvolle Stelle. Empört brauste das heftige Temperament Johannas auf, und Adele versuchte vergeblich, die Mutter zu beruhigen. Sie hörte sie über ihren Vater sprechen in Worten, die ihr, der Tochter, fast das Herz brachen und ebenso schwere Vorwürfe wurden Arthur zuteil. Trostlos verzweifelnd verteidigte Adele beide, tat es zu gewaltsam, und der Schmerz riß sie hin, ihre Meinung über des Vaters jähen Tod auszusprechen. Sie erfuhr, daß sie damit recht hatte. Die Mutter aber brach in verstärkte Klagen aus, daß Mann und Sohn ihr mannigfaltiges Leiden bereitet hätten, und daß die Tochter doch an ihnen ebenso hinge, wie an ihr. „Wie wenig kann ich tun,“ sagt Adele, „da ich sie so sehr liebe und noch nichts fand, um ihr das zu beweisen, um es ihr klar zu machen?“

Als Johanna einst Floris Schopenhauer kennen gelernt hatte, war er ein Mann, dessen stolzes, großzügiges Wesen[1] gegen den preußischen General von Raumer die Bewunderung der ganzen Stadt Danzig er-

---

[1] Der preußische General von Raumer lag während der Blockade Danzigs auf dem Schopenhauerschen Landgute im Quartier und um seinen Dank dafür zu bezeigen, ließ er dem in der Stadt eingeschlossenen Sohne des Hausherrn freie Einfuhr von Fourage für seine Pferde anbieten. Floris Schopenhauer antwortete: „Ich danke dem preußischen General für seinen guten Willen; mein Stall ist für jetzt noch hinlänglich versehen, und wenn mein Vorrat verzehrt ist, lasse ich meine Pferde totstechen.“ (Grisebach: Schopenhauer, Geschichte seines Lebens. S. 5).

weckt hatte. Sein Name war in jedermanns Munde. Daß dieser bewunderte Mann ihr seine Neigung zuwandte, empfand sie mit berechtigtem Stolz als eine Auszeichnung. — Was hatten aber zwanzig Jahre aus Floris Schopenhauer gemacht! — Die beiden Briefe, die er in der letzten Zeit seines Lebens an seinen sechzehnjährigen Sohn geschrieben hat, geben eine Antwort darauf. Man sucht vergebens darin die Großzügigkeit oder die Spur irgendeines anderen bedeutenden Charakterzuges; man könnte es kaum verstehen, wie eine so starke Veränderung überhaupt vor sich gehen konnte, wenn sie nicht in einer unnormalen geistigen Entwicklung begründet gewesen wäre.

Es könnte vielleicht bezweifelt werden, daß es erlaubt sei, aus der amüsanten kleinlichen Eigenart dieser Briefe so weitgehende Schlüsse zu ziehen. Aber bei dem Mangel an sonstigen zuverlässigen Dokumenten bleibt hier nichts anderes übrig, als sich aus kleinen Umständen ein Bild zu konstruieren, das dann natürlich nur den Wert einer gewissen Wahrscheinlichkeit hat.

Daß Floris Schopenhauer an schwermütigen Grübeleien gelitten hat, geht aus Johannas Brief an ihren Sohn vom 28. April 1807[1]) hervor, worin sie ihm sagt, er hätte die Anlage dazu als trauriges Erbteil von seinem Vater bekommen.

Arthur Schopenhauer charakterisiert seinen Vater in seinem Lebenslauf[2]) folgendermaßen: „Er war ein ge-

---

[1]) Schemann, Seite 61.
[2]) Lebenslauf Gwinner, S. 157.

strenger, heftiger Mann, aber von tadelloser Unbescholtenheit, Rechtlichkeit und unverbrüchlicher Treue, dabei in Handelsgeschäften mit vorzüglicher Einsicht begabt." Durch die Härte des Vaters hat er selbst viel in der Erziehung zu leiden gehabt, wie er es Frauenstädt[1]) erzählt hat, und wenn er später den Vater gar nicht genug verehren und preisen konnte, so bestimmte ihn dazu immer nur die Tatsache, daß der Vater für materielles Auskommen so gut gesorgt hatte. Denn nur diesen günstigen Umständen hatte er es zu verdanken, daß er seine Lebensarbeit nach seinem Wunsche einrichten konnte, und er schätzte diese Tatsache hoch genug ein. Aus dem Wortlaut seiner Widmung an den Vater tritt dieses Motiv seiner Verehrung als das entscheidende ganz deutlich hervor.

---

[1]) Dr. Julius Frauenstädt, Arthur Schopenhauer.

Die Ankunft in Weimar.

Der unerwartete Tod Heinrich Floris Schopenhauers gab dem Leben Johannas eine völlig neue Wendung. Daß der plötzliche Heimgang eines bedeutenden Kaufmannes den schlimmsten Einfluß auf sein Handelshaus ausüben mußte, ist begreiflich. Johanna fühlte sich nicht imstande, das Geschäft weiter zu führen; sie löste es daher ohne große Bedenken auf, ohne jede Rücksicht auf Gewinn und Verlust. Der Aufenthalt in Hamburg, wo sie sich nie besonders heimisch gefühlt hatte, war ihr durch die jüngsten Erlebnisse verleidet; und da nun auch die Notwendigkeit einer weniger kostbaren Lebensweise vorlag, beschloß sie, Hamburg zu verlassen und mit dem immer noch bedeutenden Rest ihres Vermögens an einen Ort zu gehen, der ihren Ansprüchen und Neigungen besser zusagen möchte. Ihre Gedanken richteten sich auf Weimar, das ihr am Ende der großen Reise, die sie mit ihrem Gatten und ihrem Sohne gemacht hatte, bekannt geworden war, und von dem ihr befreundete Hamburger Familien viel Günstiges erzählten. Weimar, Deutschlands Musenhof, erschien ihr in hervorragendem Maße geeignet, ihre geistigen Bedürfnisse zu befriedigen. So reiste sie mit Dienerschaft im Mai 1806 über Lüneburg, Hannover, Kassel, Eisenach, Gotha dorthin.

Am Abend des 14. Mai kam sie in Weimar an, in letzter Stunde noch unschlüssig geworden, da es ihr in Gotha so gut gefallen hatte: „Jetzt kann ich noch nichts entscheiden," schrieb sie von hier am 16. Mai ihrem Sohne; "doch gefällt es mir recht gut. Bertuchs, Riedels, Madame Kühn und Falks wollen alles Mögliche für mich tun; ich denke, wenigstens vierzehn Tage hier zu bleiben; in der Zeit werde ich wohl mit mir und meinen Wünschen aufs Reine sein. Ich glaube, ich werde hier Hütten bauen."

Sie wollte zuerst ein Haus in der Vorstadt kaufen, entschloß sich dann aber, eine Wohnung zu mieten und fand eine solche in dem Hause der Frau Hofrat Ludekus an der Esplanade ganz nahe am Theater. Es war das nachherige Werthersche Haus, jetzt Theaterplatz 1. In dem unteren geräumigen Stock hatte der erst am 9. Mai verstorbene Hofmedikus, Dr. Gottfried von Herder gewohnt. Für diese Wohnung von vier Zimmern, einigen Räumen im ersten Stock, einen kleinen Garten und Nebengelaß zahlte sie einhundertundsiebzig Taler Miete; für die damalige Zeit eine hohe Summe.

"Equipage brauche ich nicht", schreibt sie. "Es gibt hier Mietwagen und Portechaisen, soviel man braucht. Der Ton in Gesellschaft ist äußerst gebildet. Riedels tun, was sie können, für mich. Gestern brachten wir einen Abend mit Falk und Fernow, den Du kennen mußt, bei ihnen zu. Goethe und Wieland habe ich noch nicht gesehen; ersterer ist in Jena, letzteren treffe ich wahrscheinlich Donnerstag bei Madame Kühn. Im Theater bin ich einmal gewesen; es gefällt mir sehr; die Truppe ist ungefähr wie in München, ein schönes, harmonierendes Ganzes, Kostüm und Dekorationen sehr schön und herrliche Musik."

„Der Umgang hier scheint mir sehr angenehm und gar nicht kostspielig," berichtet sie am 26. Mai ihrem Sohne; mit wenig Mühe und noch weniger Kosten wird es mir leicht werden, wenigstens einmal in der Woche die ersten Köpfe in Weimar, und vielleicht in Deutschland, um meinen Teetisch zu versammeln und im ganzen ein sehr angenehmes Leben zu führen. Die Gegend um Weimar ist nicht ausgezeichnet schön, aber recht hübsch, der Park ist wirklich sehr schön.... Mit Wieland soll ich morgen bei Riedel zusammen sein und obendrein L'Hombre mit ihm spielen; den ganzen Abend werde ich denken: O Lord, o Lord, what an honour is this! Goethe sollte ich heute sehen, er wollte mich selbst in der (unter ihm stehenden herzoglichen) Bibliothek herumführen; leider ist er gestern sehr krank geworden, aber doch ohne Gefahr."

Von Weimar aus besuchte sie noch am 28. Mai Jena und erfreute sich einen Tag lang der wunderschönen Gegend. Dann ging sie nach Dresden, am 9. Juni nach Halle und schlug über den Harz und Braunschweig den Rückweg nach Hamburg ein, um dort alles zur Übersiedelung nach Weimar vorzubereiten. Diese sollte im Herbst vor sich gehen.

Mit ihren eigenen Angelegenheiten gar zu sehr beschäftigt, hatte sie es nicht beachtet, wie gerade nach Weimar zu die einander feindlichen Heeresscharen sich zusammengezogen hatten. Vierzehn Tage vor der verhängnisvollen Schlacht bei Jena, als alles in Weimar beschäftigt war, einzupacken und zu flüchten, und die größte Bestürzung überall herrschte, richtete sie gerade ihren Weg in diese von den Kriegstruppen am meisten bedrohte Gegend. Am Abend des 28. September traf sie in Weimar ein und stieg im Gasthof zum Elefanten ab. Dort blieb sie, bis ihre Dienerschaft, der Franzose Duguet und seine Frau Sophie, ihre Wohnung einigermaßen eingerichtet hatten; am 8. Oktober bezog sie diese mit ihrer neunjährigen Tochter Adele.

Gleich darauf brach das Unglück der Plünderung über die Residenz herein. Die Schlacht bei Jena hatte stattgefunden, große Aufregung herrschte in Weimar. Der König und die Königin von Preußen, der Herzog von Braunschweig, viele Generale kamen nach der Stadt; alles war bereit zur Flucht — Johanna beschreibt die Angst und Verwirrung jener Tage sehr anschaulich in den Briefen an ihren Sohn Arthur. Sie selbst blieb in Weimar, weil sie keine Pferde zur Flucht mehr auftreiben konnte. Besonnen und gewandt traf sie nun ihre Anordnungen, mit raschem Überlegen für das Notwendigste sorgend. Vertraut mit französischer Sitte und Sprache und der treuen Anhänglichkeit ihrer Bedienten gewiß, vermochte sie mit Erfolg den französischen Soldaten entgegenzutreten, und das schwere Leid, das so viele traf, ging fast spurlos an ihr vorüber. Ihr gastliches Haus wurde ein Zufluchtsort für manchen Bedrängten, ihre Menschenfreundlichkeit und ihre werktätige Hilfe erwarben ihr allgemeine Achtung und ermunterten viele, es ihr gleichzutun. Man vergaß, daß sie eine Fremde war, und sie empfand das und war froh darüber. In wenigen Wochen hatten die bindende Gewalt

Johanna Schopenhauer mit ihrer Tochter Adele.
(Selbstporträt im Goethe-Museum.)

gemeinsamer großer Erlebnisse, ihre Liebenswürdigkeit und ihre Talente sie mit allen Berühmtheiten der Stadt befreundet.

Über die äußere Erscheinung der damals vierzigjährigen Frau sagt Düntzer: „Ihre in der Jugend ungemein zierliche kleine Gestalt, war jetzt beleibt geworden und durch das Hervorstehen der linken Hüfte entstellt; aus ihren klaren blauen Augen, die sie mit dem hellbraunen Haare von der Mutter geerbt hatte, sprach herzliche Freundlichkeit, die auch ihre nicht schönen Gesichtszüge zeigten; ihr ganzes Wesen war höchst anmutig und anziehend."

In dem ersten Zimmer des Goethemuseums hängt der Eingangstür gegenüber ein großes Ölgemälde von ihr, das sie selbst gemalt und dann Goethe zum Geschenk gemacht hat. Sie sitzt an der Staffelei, an ihren Stuhl lehnt sich ihre kleine Tochter Adele. Dieses Bild, wie ein anderes in der Großherzoglichen Bibliothek, das von Gerhard Kügelgen ungefähr um dieselbe Zeit (1808) gemalt worden ist, entsprechen eher dem Begriff von ihrem Äußeren, wie er sich unwillkürlich bildet, wenn man von ihrer starken Anziehungskraft hört, als ein Bild aus späterer Zeit, das sie schon als ältere Frau mit der Haube zeigt. Doch ist dieses bisher das allgemein bekanntere gewesen.

---

[1]) Düntzer, S. 120.

Nach der Schlacht bei Jena.

In den nun folgenden Briefen Johanna Schopenhauers an ihren Sohn lesen wir die ausführliche Schilderung der angstvollen Tage in Weimar nach der Schlacht bei Jena und erfahren, wie Johannas weltgewandtes, im besten Sinne ungewöhnliches Benehmen allgemeine Aufmerksamkeit und Bewunderung erregte und ihr sofort die hervorragende Stellung anwies, die sie während der vielen Jahre ihres Aufenthalts in Weimar innehatte. Aber noch mehr läßt sich aus diesen Briefen der ersten Jahre erkennen: das herzliche Verhältnis, in dem Mutter und Sohn zueinander standen; es spricht sich deutlich in den vielen Briefen aus, die von der Mutter erhalten sind. Mochte in den letzten Jahren vorher sich schon manchmal die Verschiedenheit der beiden Naturen gezeigt haben, mancher Tadel der Mutter gegen den Sohn ausgesprochen sein und ihre Unzufriedenheit mit ihm gezeigt haben — eine dauernde Verstimmung war nicht in Johanna zurückgeblieben. Ihre Briefe sind unbefangen und natürlich. Sie will den Sohn teilnehmen lassen an allem, was sie erlebt, daher erzählt sie ihm alles mit der größten Ausführlichkeit; und immer wieder findet sich darin der Hinweis auf Briefe, die sie von ihm erhalten hat, oder die Bitte, er möge recht regelmäßig schreiben, da sie sich sonst nicht glücklich fühlen könne.

Leider sind die Briefe Arthurs verloren gegangen. Vielleicht sind sie nach dem Tode von Mutter und Schwester vernichtet worden, vielleicht auch harren sie noch irgendwo der Auffindung. Ihre eigenen Briefe hatte sich die Mutter fast alle schon zurückgeben lassen, um sie als wichtige Quelle für die Darstellung ihrer Lebensgeschichte zu benutzen; nur wenige davon fanden sich noch in dem Nachlaß des Philosophen. Diese Briefe Johannas aus den Jahren 1806—1807 wurden nur zufällig durch einen Freund der Familie, Professor Nikolovius in Bonn vor dem Feuertode gerettet; sie kamen später in die Hände von Professor Düntzer[1]). Ihre Briefe aus den späteren Jahren aber, als der Sohn auf der Universität war, die so wichtigen Aufschluß geben könnten über den Beginn und das unaufhaltsame Fortschreiten ihres Zerwürfnisses, fehlen ganz.

Es mögen nun einige Briefe Johannas folgen, die von dem natürlichen guten Verhältnis zwischen Mutter und Sohn Kunde geben. Der erste ist noch in Hamburg, am Abend vor der Abreise nach Weimar geschrieben. Er ist undatiert, doch dürfte wohl der 22. September der Tag sein, an dem Johanna ihn schrieb.

„Du bist eben fortgegangen; noch rieche ich den Rauch von Deiner Zigarre, und ich weiß, daß ich Dich in langer Zeit nicht wiedersehen werde. Wir haben den Abend recht froh miteinander hingebracht; laß das der Abschied sein! Lebe wohl, mein lieber, guter Arthur! Wenn

---

[1]) Düntzer, Abhandlungen zu Goethes Leben und Werken, S. 115.

Du diese Zeilen erhältst, bin ich vermutlich nicht mehr hier; aber wenn ich es noch wäre, komm' nicht! Ich kann das Abschiednehmen nicht aushalten. Wir können einander ja wiedersehen, wenn wir wollen; ich hoffe, es wird nicht gar zu lange währen, so wird uns auch die Vernunft erlauben, es zu wollen. Lebe wohl! Ich täuschte Dich zum ersten Male; ich hatte die Pferde halb sieben bestellt. Ich hoffe, es wird Dir nicht zu wehe tun, daß ich Dich täuschte: ich tat es um meinetwillen; denn ich weiß, wie schwach ich in solchen Augenblicken bin, und wie sehr mich jede heftige Rührung angreift. Lebe wohl! Gott segne Dich.

Deine Mutter

J. Schopenhauer.

Schreibe mir doch ja nächsten Mittwoch.

29. September 1806.

Dein Brief, mein herzlich lieber Arthur, hat mir den ersten Morgen in Weimar recht angenehm gemacht. Ich denke viel an Dich, und wenn ich erst in Ruhe sein werde, werde ich Dich schmerzlich vermissen, doch das Schicksal will es so, und woran gewöhnt man sich nicht zuletzt. Daß Du meinen polnischen Abschied so nimmst, wie er genommen werden muß, ist recht brav von Dir, gewiß war es so am besten für uns beide, ich hätte zu viel dabei gelitten, wenn ich förmlich von Dir hätte Abschied nehmen sollen. Adelen hast Du mit Deinem Briefe eine recht große Freude gemacht, sie wollte erst gar nicht glauben, daß Du ihr geschrieben hättest, auch mir ist dieser Beweis Deiner Liebe zu ihr sehr wert."

Am 6. Oktober schreibt Johanna, daß sie mitten im Kriege sei, aber gutes Mutes. Napoleon rückt mit großer Macht an.

„Ich bitte Dich, lieber Arthur, sei meinetwegen ruhig, wenn ich auch in einiger Zeit nicht schreibe, da die Posten so unrichtig gehen, an mir soll es nicht liegen, aber Briefe bleiben jetzt leicht liegen oder gehen verloren. Für meine Person riskiere ich nichts, oder mache mich beim kleinsten Anschein von Gefahr davon, von unserem Vermögen ist hier nichts als die Möblen, die man mir nicht nehmen wird, Silber und Juwelen kann ich leicht in Sicherheit bringen.

Ich darf nur wollen, so bin ich hier in den ersten Zirkeln, ich werde aber weislich um mich schauen, um mich nicht zu übereilen....

Das sind so meine Neuigkeiten, nun wünschte ich gleich wissen zu können, wie es Dir geht, besonders mit Deiner Gesundheit und Deinem Gehör. Wie stehst Du mit Grasmeyer? Wie ist Jenisch (der Prinzipal) gegen Dich? Wirst Du nicht bald vom jüngsten erlöst? Daß Du bei Willings gut bist, daran zweifle ich keinen Augenblick, wie ist's mit Deinem Humor? Bist Du noch oft verdrießlich? oder nimmst Du mit dieser närrischen Welt vorlieb, weil eben keine bessere zur Hand ist? Was macht der Kynops? Gestern warst Du bei Böhls, vergnügt, wie ich hoffe. Schreibe mir auch etwas von Anthime (der Freund aus Havre), und da Du Tigerherz ihn nicht nehmen willst, so sage mir, wo er ungefähr bleiben wird.

Laß Dir ja an nichts fehlen, daß Du unnötige Aus=

gaben nicht liebst, weiß ich ja, und das nötige und selbst angenehme kannst Du immer haben, wenn Du nur, wie ich Dir zutraue, den letzten Artikel nicht zu weit ausdehnst."

Am 13. Oktober besuchte Johanna mit einem ihrer neuen Bekannten, dem Rat Conta, und mit ihrer Adele das Feldlager vor der Stadt. Auf dem Rückwege ging sie, etwa um 12 Uhr mittags, zu Fräulein von Göchhausen, der Hofdame der Herzogin-Mutter Amalie. Sie traf beide Damen auf der Treppe. Fräulein von Göchhausen stellte sie der Herzogin vor, und diese nahm sie mit sich auf ihr Zimmer.

„Hier kamen verschiedene Offiziere, alle mit beunruhigenden Nachrichten; man hörte wieder stark kanonieren; das Lager, von dem ich eben kam, wurde abgebrochen, alles machte sich marschfertig. Wie sie fort waren, mußte ich mich zur Herzogin setzen; ich blieb eine gute halbe Stunde bei ihr; wir suchten auf der Karte den Weg, den Kalkreuth (ein Johanna befreundeter General) mir vorgeschlagen hatte. Die Herzogin sagte mir, sie ließe alles einpacken zur Reise und riet mir, ein gleiches zu tun. Pferde konnte sie mir nicht geben, sie hatte kaum selbst welche; noch war sie nur reisefertig, nicht zur Reise entschlossen; sie wollte mir wissen lassen, wann und wohin sie ging."

Als dies später geschah, waren aber für Johanna keine Pferde mehr zu haben, nicht einmal zu kaufen. Sie hätte nun zu der dänischen Gräfin Bernsdorf gehen können, bei der sie sicher gewesen wäre. Aber sie lehnte die Aufforderung ab, da sie Sophie und Duguet nicht hätte mitnehmen dürfen. „Wie konnte ich die treuen Menschen verlassen?" schreibt sie.

So brach der folgende Tag an, der 14. Oktober, der Tag der Schlacht von Jena.

„Das waren schwüle Stunden, mein Arthur," schrieb Johanna am 19. Oktober ihrem Sohne; „die Kanonen donnerten von fern; alles war in der Stadt wie ausgestorben, die Sonne schien auf die grünen Bäume vor meinem Fenster, alles war Ruhe von außen, und welcher Sturm, welche Angst des Erwartens in unseren Herzen! Doch sprachen wir gelassen und munterten einander auf, die gelassene Ergebung der Ludekus war unbeschreiblich tröstend, ich folgte ihr so gut ich konnte, nur durfte ich nicht auf meine Adele sehen, dann war's mit meinem Mute aus. Adele selbst war ruhig unbefangen, ein wahres Kind, und mir ein tröstender Engel.

O mein Arthur, die Erinnerung allein macht mich jetzt beben. Jetzt rasten die Kanonen, der Fußboden bebte, die Fenster klirrten. O Gott, wie nahe war uns der Tod, wir hörten keinen einzelnen Knall mehr, aber das durchdringende Pfeifen und Zischen und Knattern der Kugeln und Haubitzen, die über unser Haus und fünfzig Schritte davon in Häuser und in die Erde flogen, ohne Schaden zu tun. Gottes Engel schwebte über uns, in mein Herz kam plötzlich Ruhe und Freudigkeit, ich nahm meine Adele auf den Schoß und setzte mich mit ihr auf den Sofa, ich hoffte, eine Kugel sollte uns beide töten, wenigstens sollte keine der andern nachweinen. Nie war mir der Gedanke an den Tod gegenwärtiger, nie war er mir so wenig fürchterlich. Adele hatte sich den ganzen Tag, selbst in diesem schrecklichen Momente, nicht aus der Fassung bringen lassen, keine Träne, kein Angstgeschrei, immer ging sie neben mir, und wenn's ihr zu viel ward, küßte sie mich und drückte mich an sich, und bat mich, nicht angst zu sein. Auch jetzt war sie ganz stille, aber ich fühlte die zarten Glieder wie von Fieberfrost beben, und hörte, wie ihre Zähne aneinander schlugen. Ich küßte sie, bat sie ruhig zu sein, wenn wir stürben, so stürben wir ja miteinander, und ihr Zittern legte sich, und sie sah mir freundlich in die Augen. Ich war in der Tat damals weit ruhiger, als ich es jetzt bin, da ich Dir die Schreckensszene erzähle, Gott gab mir großen Mut, wie mir es Not darum war."

Mit großer Anschaulichkeit entwirft sie ein Bild von der nun folgenden Bedrängnis Weimars durch die Franzosen, von der Plünderung und der Wildheit der Soldaten. Und wieviel Mut die Herzogin Luise gezeigt habe, mit der der Kaiser zwei Stunden gesprochen habe, was noch keiner Fürstin widerfahren sein soll; „sie allein war geblieben, während alle die Ihrigen entflohen. Alles, was ins Schloß geflüchtet war, nahm sie auf und teilte mit ihnen; dadurch kam es denn, daß sie und alle einen ganzen Tag nur Kartoffeln zu essen hatten."

Eine junge Wöchnerin, die Frau eines Steinschneiders, wurde mit ihrem Säugling und ihrer Familie zu Johanna gebracht. „Die junge Frau hatte die Gelassenheit und das Gesicht eines Engels," schreibt Johanna, „still setzte sie sich hin und säugte ihr Kind; ohne Klagen sprach sie von ihrem Schicksal, und voll Vertrauen auf

Gott mit einer so anspruchslosen Art, es ging mir durchs Herz. Ich fiel ihr um den Hals und küßte sie so herzlich, wie ich nie eine Frau geküßt habe; ich hätte ihr die Hand küssen mögen, sie flößte mir so viel Ehrfurcht ein. „Sehen Sie," sagte sie, „ist das denn nicht schön, daß eine so gute Frau teil an meinem Schicksale nimmt, und muß mich das nicht trösten?"

Dann schildert sie die Schrecken der Plünderung, die Angst, die sie alle ergriffen hatte. In der größten Not faßt sie einen französischen Husaren unter, der ihr den Rat gegeben hat, einen General um eine Sauvegarde zu bitten und geht mit ihm, Adele an der Hand, aufs Schloß zum Prinzen Mürat. „Welch ein Gang! Überall die Spuren der gestrigen Nacht; Tote, Verwundete auf der Straße; gefangene Preußen im Park vor dem Schloßplatze, wo sie noch vorgestern stolzierten; wilde, blutige Menschen, die ich nicht Soldaten nennen kann, in weißen, zerrissenen Kitteln, Mord und Tod im Gesicht, die alle Augenblicke meinen Husaren als Kameraden anredeten, dazwischen die Musik, Pferde, Reiter, ein unendliches Gewühl!"

Beim Prinzen wurde Johanna nicht vorgelassen; aber ein Schreiben, das sie sofort nach ihrer Rückkehr an ihn aufsetzte, hatte doch wenigstens den Erfolg einer freundlichen Antwort. Und dann kam ein Offizier in ihr Haus, dem ihre Lage zu Herzen ging, und der sie schützte; und als er auch fort mußte, brachte er ihr einen Commissaire des Guerres, der in ihrem Hause blieb, so daß sie damit aus aller Not war.

Nun konnte sie anderen helfen, und sie tat es. Sie

war die erste, die im Alexanderhofe (dem jetzigen Russischen Hof) den geschlagenen und verwundeten Preußen Wohltäterin wurde.

Wie gutherzig und hilfsbereit Johanna Schopenhauer war, zeigte sie hier. Vielleicht beeinflußte sie dabei das Bewußtsein, wohlhabend, reich zu sein und geben zu können; vielleicht verknüpfte sich ihr Helfen auch manchmal mit dem Wunsche, anerkannt und gepriesen zu werden; — aber sie tat doch das Gute und tat es gern, mit warmem Herzen. Es war ihr selbst eine Freude, Not lindern zu können. Am 19. Oktober schrieb sie:

„Mit unserem Wein habe ich schon manches traurige Herz erquickt. Den Verwundeten habe ich Erquickung ins Lazarett geschickt; die anderen Einwohner der Stadt können noch nicht daran denken, weil sie zuviel verloren haben, aber ich kann es, denn mir ist alles geblieben. Sterbende haben mich gesegnet, das gibt mir wieder Freudigkeit, und der Segen wird auf uns ruhen.... Was mich beim Anblick alles Entsetzlichen, was man sich denken kann, noch hielt, ist, daß ich half, wo ich konnte, um den Jammer zu lindern. Mein Landsmann Falk gab mir die Wege an, und so habe ich mich einer Stube im Alexandershofe, in der an fünfzig Verwundete lagen, meistens Preußen, angenommen. Ich schickte ihnen altes Leinen zum Verbinden, Wein, Tee, der erst bei mir in einem großen Kessel gekocht wurde, Suppe, einige Bouteillen Madeira, wovon jeder nur ein kleines Glas bekam, und doch über dieses Labsal in lauten Jubel ausbrach und mich segnete,

Brot, und was ich konnte.... Es war im ganzen wenig, und half doch viel, besonders da ich die erste war. Ich rettete die Armen vor dem Unglück, an Gott und Menschen zu verzweifeln. Goethe und andere haben davon gehört und sind meinem Beispiel gefolgt. Was mich am meisten freut, ist eine Quantität Äpfel, die ich wohlfeil kaufte, und dann unter eine Menge Verwundeter austeilte."

Voll Sorge um die Mutter hatte der Sohn wieder an sie geschrieben. Denn sie antwortete ihm am 31. Oktober:

„Lieber guter Arthur, Du zitterst, wie Du hörtest, daß bei Auerstädt, welches drei Meilen von hier liegt, eine Schlacht gefochten wäre, wie muß Dir zumute gewesen sein, wie Du erfuhrst, daß zur nämlichen Stunde eine zweite, noch blutigere, dicht bei Weimar vorfiel.... Wie oft habe ich mich jetzt gefreut, daß Du nicht hier warst! Es werden schönere Zeiten kommen, dann werde ich Dich zu mir wünschen, ich freue mich sehr, daß es Dir in Deiner Lage gut geht. Hoffe immer das beste, verliere den Mut nicht, und übereile Dich ja nicht mit der Reise nach Kassel in dieser unruhigen Zeit."

„Schreibe doch ja alle Woche wenigstens, sonst wird mir bange um Dich", schließt sie ihren Brief vom 14. November. Ein Ohrenleiden hat sich bei Arthur eingestellt und ihre Worte vom 19. Dezember sind:

„An Deine Taubheit mag ich ungern denken, sie ist das einzige, was mich jetzt an meinem vollkommenen Glücke hindert, hätte ich nicht die Hoffnung, daß Du davon befreit werden wirst, so würde mich dieses sehr quälen, fasse nur Mut und lasse Dich nicht zu sehr davon niederdrücken, damit auch Dein Gemüt nicht krank werde, Mut und Fassung sind ja unsere einzige Schutzwehr gegen alle Übel der Welt."

Und am 9. Januar 1807 sagt sie ihm:

„Halte Dich gut, Dich froh und glücklich zu wissen ist jetzt alles, was ich zu wünschen habe."

Goethes erster Besuch.

Goethe war die interessante Eigenart Johannas schon bei der ersten Begegnung aufgefallen. Er hätte sich in jenen angstvollen Tagen selbst bei ihr eingeführt.

"Den 12. Oktober," berichtet sie selbst darüber[1]), "besuchte mich erst Bertuch, der mich sehr beruhigte; man glaubte bestimmt, die Franzosen zögen nach Leipzig; alles könne gut werden, wir wären nicht in Gefahr. Kurz darauf meldete man mir einen Unbekannten. Ich trat ins Vorzimmer und sah einen hübschen, ernsthaften Mann in schwarzem Kleide, der sich tief mit vielem Anstande bückte und mir sagte: ‚Erlauben Sie mir, Ihnen den Geheimrat Goethe vorzustellen.' Ich sah im Zimmer umher, wo der Goethe wäre; denn nach der steifen Beschreibung, die man mir von ihm gemacht hatte, konnte ich in diesem Mann ihn nicht erkennen. Meine Freude und meine Bestürzung waren gleich groß, und ich glaube, ich habe mich deshalb besser benommen, als wenn ich mich drauf vorbereitet hätte. Wie ich mich wieder besann, waren meine beiden Hände in den seinigen und wir auf dem Wege nach meinem Wohnzimmer. Er sagte mir, er hätte schon gestern kommen wollen, beruhigte mich über die Zukunft und versprach wiederzukommen."

---

[1]) Düntzer, S. 122.

Wenige Tage nach der Schlacht bei Jena hatte Goethe sich mit Christiane Vulpius trauen lassen und die natürliche Ehe, die er schon achtzehn Jahre mit ihr geführt hatte, in eine auch vor dem Gesetze vollgültige verwandelt. Aber die Gesellschaft Weimars wehrte sich dagegen, die erhöhte Stellung Christianes anzuerkennen. Anders handelte Frau Schopenhauer. Als ihr Goethe am Tage nach der Trauung, am 20. Oktober, seine Frau zuführte, empfing sie diese unbefangen, als ob sie nicht wüßte, wer sie vorher gewesen sei. „Ich denke," so schrieb sie ihrem Sohne, „wenn Goethe ihr seinen Namen gibt, so können wir ihr wohl eine Tasse Tee geben. Ich sah deutlich, wie sehr mein Benehmen ihn freute; es waren noch einige Damen bei mir, die erst formell und steif waren und hernach meinem Beispiel folgten. Goethe blieb fast zwei Stunden und war so gesprächig und freundlich, wie man ihn seit Jahren nicht gesehen hat. Er hat sie noch zu niemand als zu mir in Person geführt. Als Fremden und Großstädterin traut er mir zu, daß ich die Frau so nehmen werde, als sie genommen werden muß; sie war in der Tat sehr verlegen, aber ich half ihr bald durch. In meiner Lage und bei dem Ansehen und der Liebe, die ich mir hier in kurzer Zeit erworben habe, kann ich ihr alles gesellschaftliche Leben sehr erleichtern. Goethe wünscht es und hat Vertrauen zu mir, und ich werde es gewiß verdienen."

Goethe hat dieses Benehmen Johannas dankbar empfunden und es ihr vergolten. Er fühlte sich wohl und heimisch in ihrem Hause und nahm an ihren Gesellschaftsabenden den regsten Anteil, namentlich in der ersten Zeit nach der Trauung, als die vornehme Gesellschaft Weimars noch zu deutlich ihren Unwillen darüber zeigte, als daß er sich in ihrem Kreise hätte behaglich fühlen können. Er führte interessante Persönlichkeiten, die um seinetwillen nach Weimar gekommen waren, auch bei ihr ein. Mit vollem Recht konnte sie nach einiger Zeit ihrem Sohne schreiben: „Der Zirkel, der sich Sonntag und Donnerstag um mich versammelt, hat wohl in Deutschland und nirgend seinesgleichen."

In dem Briefwechsel Johannas mit ihrem Sohne Arthur finden wir eine Menge kleiner Beobachtungen über Goethes Wesen, die sein Bild äußerst lebendig vor uns erscheinen lassen. So erzählt sie zum Beispiel von einem Mittagessen bei Goethe am 10. November 1806: „Die Gesellschaft war klein, ich, Bertuchs, Meyer, Knebel mit seiner Frau aus Jena, ein höchst interessanter Mann, der auch als Dichter bekannt ist, und einige Freunde. Ich kann Goethe nicht genug sehen; alles an ihm weicht so vom Gewöhnlichen ab, und doch ist er unendlich liebenswürdig. Diesmal habe ich ihn einmal böse gesehen. Sein Sohn, eine Art Tapps, der aber im Äußeren viel vom Vater hat, zerbrach mit großem Geräusch ein Glas; Goethe erzählte eben etwas und erschrak über den Lärm so, daß er aufschrie. Ärgerlich darüber sah er den August nur einmal an, aber so, daß ich mich wunderte, daß er nicht unter den Tisch fiel. Ein ausdrucksvolleres, mobileres Gesicht habe ich noch nie gesehen."

Die Regelmäßigkeit von Goethes Besuchen bei Johanna Schopenhauer erregte in Weimar großes Aufsehen. Oft kam Goethe, mit einem Handlaternchen sich den Weg beleuchtend. Gewöhnlich sprach er zuerst bei Johannas Dienerin Sophie vor, deren außerordentliche Gewandtheit und Pünktlichkeit in der Stadt bekannt war. In der Ecke des einen Empfangzimmers war für ihn ein Tisch mit Zeichenmaterialien hingestellt. Dorthin setzte er sich, wenn er dazu Lust hatte, oder auch, wenn er einmal verstimmt war und nicht reden wollte, und tuschte kleine Landschaften, leicht hingeworfen, nur skizziert, aber lebendig und anschaulich.

„Welch' ein Wesen ist dieser Goethe", schrieb Frau Johanna. „Wie groß und wie gut! Da ich nie weiß, ob er kommt, so erschrecke ich jedesmal, wenn er ins Zimmer tritt; es ist, als ob er eine höhere Natur als alle übrigen wäre; denn ich sehe deutlich, daß er denselben Eindruck auf alle übrigen macht, die ihn doch weit länger kennen und ihm zum Teil auch weit näher stehen, als ich. Er selbst ist immer ein wenig stumm und auf eine Art verlegen, wenn er kommt, bis er die Gesellschaft recht angesehen hat, um zu wissen, wer da ist. Er setzt sich dann immer dicht neben mich, etwas zurück, so daß er sich auf die Lehne von meinem Stuhl stützen kann; ich fange dann zuerst ein Gespräch mit ihm an, dann wird er lebendig und unbeschreiblich liebenswürdig. Er ist das vollkommenste Wesen, das ich kenne, auch im Äußeren; eine hohe schöne Gestalt, die sich sehr gerade hält, sehr sorgfältig kleidet, immer schwarz oder ganz dunkelblau, die Haare recht geschmack=

voll frisiert und gepudert, wie es seinem Alter ziemt, und ein gar prächtiges Gesicht mit zwei klaren braunen Augen, die mild und durchdringend zugleich sind. Wenn er spricht, verschönert er sich unglaublich; ich kann ihn dann nicht genug ansehen. Er spricht von allem mit, erzählt immer zwischendurch kleine Anekdoten, drückt niemand durch seine Größe. Er ist anspruchslos wie ein Kind; es ist unmöglich, nicht Zutrauen zu ihm zu fassen, wenn er mit einem spricht, und doch imponiert er allen, ohne es zu wollen. Letztens trug ich ihm seine Tasse zu, wie das in Hamburg gebräuchlich ist, daß sie nicht kalt würde, und er küßte mir die Hand; in meinem Leben habe ich mich nicht so beschämt gefühlt; auch alle, die in der Nähe waren, sahen es mit einer Art Erstaunen. Es ist wahr, daß bei ihm die gemeinste Höflichkeit wie Herablassung erscheint, und er selbst scheint das gar nicht zu wissen, sondern geht so hin in seiner stillen Herrlichkeit, wie die Sonne."

Am Abend des ersten Weihnachtstages war Goethe auch wieder bei Frau Schopenhauer. Mit der kleinen Adele und einem sechzehnjährigen jungen Mädchen saß er lange im letzten der drei Zimmer in eifriger Unterhaltung zusammen; zuletzt gingen sie alle hinaus. "Goethe war mit den Kindern in Sophiens Zimmer gegangen, hatte sich dort hingesetzt und sich Adelens Herrlichkeiten zeigen lassen, alles Stück vor Stück besehen und kam nun mit den frohen Kindern und einem so lieben, milden Gesicht zurück, wovon kein Mensch einen Begriff hat, der nicht die Gelegenheit hatte, ihn zu sehen, wie ich."

Heinrich Düntzer[1]) schreibt über diese Teeabende: „Es ist ein eigenes Schauspiel, wie die Schopenhauer durch die bloße Anziehungskraft ihres gemütlichen bildungsreichen und fest auf sich beharrenden Wesens in jener traurigen Zeit ohne besonderen Aufwand, ja ohne daß sie sich ernstlich darum bemühte, einen schönen Kreis um sich versammelte und festhielt, dessen belebender Mittelpunkt der von der Gesellschaft durch seine Heirat fast ausgeschlossene Goethe war, dem diese Verbindung eine edle Zuflucht seiner nach liebevoller Anerkennung seiner menschlichen Eigentümlichkeit, seines vollen Herzens, seines edlen Strebens sich sehnenden Natur war. Sein Dichterruhm, seine wissenschaftlichen Entdeckungen standen ihm hier ganz fern, nur als Mensch wollte er hier geachtet und geliebt sein.... Die begeisterte Bewunderung der zu ihm aufschauenden Frau war für ihn ein Lebensbalsam, dessen er damals so sehr bedurfte, wo sich die höheren Kreise, besonders die Damen, mit denen er bisher in freundlicher Verbindung gestanden, durch seine Trauung mit Christiane Vulpius verletzt fühlen.... In dieser Vereinsamung mußten die innige Teilnahme und die warme Verehrung, welche er bei der neuen Freundin fand, ihm wunderbar wohltun, seine Seele heiterem Vertrauen öffnen. Natürlich erweckte ein so enges Verhältnis zu der Fremden eine gewisse Eifersucht in Frau von Stein; aber Goethe ging mit ruhiger Besonnenheit seinen Weg, da jede Leidenschaft-

---

[1]) H. Dünzer, Abhandlungen zu Goethes Leben und Werken, S. 168—169.

lichkeit seiner Neigung fern blieb. Er freute sich der edlen Zuneigung einer so bedeutenden, bildungsreichen und bildungsbedürftigen gemütvollen Frau, welcher seine Teilnahme einen festen Mittelpunkt in Weimar gegründet hatte, und gab sich rückhaltlos dem heiteren, durch Kunst verschönten Leben hin, welches er in ihrem Hause fand. Sie selbst, die sich ihre Unabhängigkeit zu erhalten suchte, machte keinen Anspruch auf ihn, sie betrachtete alles, was er ihr bot, als eine unverdiente Gabe des Glückes, und wenn sie wirklich, wie Ludekus berichtet, auf die Frage, wie Goethe dazu gekommen, seine Haushälterin zu heiraten, erwiderte, er habe kein seiner würdiges Frauenzimmer finden können, so sprach sie damit ihre volle Überzeugung aus."

„Du meinst," schrieb Johanna am 30. Januar 1807 ihrem Sohne, „es sei unmöglich, vis-à-vis ihm nicht ein wenig scheinen zu wollen. Sähest Du ihn nur, Du würdest fühlen, wie unmöglich es ist, ihm gegenüber sich anders als natürlich zu zeigen. Er ist ganz Natur, und seine klaren hellen Augen benehmen alle Lust, sich zu verstellen; man fühlt, daß er doch durch alle Schleier sieht, und daß diesem hohen reinen Wesen jede Verstellung verhaßt sein muß."

In demselben Briefe erzählte sie von den Arbeiten, die sie mit Goethe gemeinsam vornahm, wie sie zum Beispiel mit ihm und Meyer einen Ofenschirm angefertigt hatte, und wie sie sich in der Liebe dieser vorzüglichen Menschen so glücklich fühle.

„Wenn so ein Senator oder Bürgermeister sähe, wie ich mit Meyer Papierschnitzel zusammenleime, wie Goethe und die anderen dabeistehen und eifrig Rat geben, er würde ein recht christliches Mitleid mit uns armen kindischen Seelen haben."

Am lebhaftesten war die gesellschaftliche Verbindung beider in den ersten Jahren ihrer Bekanntschaft. Als Goethe den Verkehr mit dem Hofe und seinen früheren Bekannten im Laufe der Zeit wieder mehr pflegte, konnte er nicht weiter so ausschließlich seine Zeit der treuen Freundin widmen. Aber sein Verhältnis zu ihr erhielt sich in inniger Herzlichkeit, und die dankbare Erinnerung an die Erquickung seiner Seele, die er in trüber Zeit bei ihr gefunden hatte, verließ ihn nie.

Die Teeabende.

So konnte Johanna mit der Art, wie sich ihr Leben gleich zu Anfang in Weimar gestaltete, wohl zufrieden sein. Ihre Freude klingt deutlich aus allen Mitteilungen, die sie ihrem Sohne darüber macht. Am 19. Oktober schreibt sie ihm:

„Meine Existenz wird hier angenehm werden; man hat mich in zehn Tagen besser, als sonst wohl in zehn Jahren kennen gelernt. Goethe sagte mir heute, ich wäre durch die Feuertaufe zur Weimaranerin geworden. Wohl hat er recht. Er sagte mir, jetzt, da der Winter trüber als sonst heranrücke, müssen wir auch zusammenrücken, um einander die trüben Tage wechselseitig zu erheitern. Was ich tun kann, um mich froh und mutig zu erhalten, tue ich. Alle Abende, solange diese Tage des Trübsals währen, versammeln sich meine Bekannten um mich her, ich gebe ihnen Tee und Butterbrot im strengsten Verstande des Wortes. Es wird kein Licht mehr als gewöhnlich angezündet, und doch kommen sie immer wieder und ihnen ist wohl bei mir. Meyers, Fernow, Goethe bisweilen sind darunter. Viele, die ich noch nicht kenne, wünschen, bei mir eingeführt zu werden."

Über Johannas Wohnung berichtet Dr. Riemer, ein häufiger Besucher ihrer Teeabende, am 30. November an den Buchhändler Frommann in Jena:

„Ich führe Sie in die Wohnung vom ehemaligen Dr.

Herder. Die unterste Etage, bestehend aus drei kleinen Zimmern en suite, ist äußerst nett und geschmackvoll möbliert. Warme Teppiche bedecken den Fußboden, seidene Vorhänge zieren die Fenster, große Spiegel den Fensterraum und schöne Mahagonimöbel das Ganze. Wenn ich solche sich von selbst verstehenden Sachen koloriere, muß ich Ihnen sagen: gewöhnlich sind doch schöne und modische Zimmermöblements hier nicht... Das mittelste Zimmer ist das Entreezimmer, das andere links neben dem mittlern, um sich zu ergehen.

Sie treten ein und finden eine Versammlung von Männern zunächst und dann um den Teetisch die Damen. Goethe, Meyer, Fernow, Schütze, Wieland, Conta sind die gewöhnlichen Besucher. Damen sind die Hofrätin Ludecus, Dr. Herder, Mlle. Conta, Bardua usw. Man nimmt Tee, auch Zwieback und Butterbrot, man schwatzt von novis, politischen und literarischen; man zeichnet, spielt Klavier und singt. Um 6 geht man hin, um oder nach 8 schleicht man sich wieder fort. Die Dame ist reich, gebildet (malt artig en miniature) und artig. Sie sucht nichts gerade darin; sie will nur unterhalten, und daran tut sie recht."

Später machte Riemer[1]) eine Anzahl Sonette, die, wie Wilhelm von Humboldt seiner Frau mitteilt, von Goethe unendlich protegiert wurden und „vielfältig in den artigsten Phrasen auf Madame Schopenhauer gehen". Eines davon sei hier angeführt:

---

[1]) Dr. Riemer, Bibliothekar, Sekretär Goethes, Lehrer von August Goethe, 1774—1845.

Was vor andern Frauen allen
Dich, nur dich, so einzig schmückt,
Was von dir uns so entzückt,
Will dir selbst nicht mehr gefallen?

Laß den andern die Begierde,
Kleiden sie sich gern nach dir,
Nicht der Schmuck ist deine Zier,
Du bist ja des Schmuckes Zierde!

Und was du vor andern allen
Mehr geschmückt, als dich es schmückt,
Laß es auch, weil's mich beglückt,
Laß es länger dir gefallen.

Im Jahre 1804 kam der Dichter Dr. Stephan Schütze nach Weimar; er fand in den ersten zwei Jahren keine Gelegenheit, Goethe vorgestellt zu werden und bat Fernow, ihn dazu bei Johanna Schopenhauer einzuführen. Schütze wurde bald ein ständiger Besucher der Teeabende, und Jenny von Pappenheim sagt von ihm, daß er sehr beliebt und originell gewesen sei und von bescheidener Zurückhaltung. „Er sprach nicht viel, aber dann mit liebenswürdigem trockenen Humor, der auch in seinen Gedichten, die er uns häufig vorlas, Ausdruck fand"[1]).

„Was ist's eigentlich, was mich jetzt froh macht?" schrieb Johanna an ihren Sohn. „Wie klein würde das alles in den Augen der großen Welt oder der eleganten Hamburger erscheinen?"

---

[1]) L. Braun, Im Schatten der Titanen.

Die Abende der Hofrätin Schopenhauer machten viel von sich reden. Kein Fremder von einiger Bedeutung reiste durch Weimar, der sich nicht in ihre Gesellschaft einführen ließ. In den Reisebüchern und Geographien wurde sie mit zu den Merkwürdigkeiten der Stadt gezählt[1]). Von berühmten Männern verkehrten dort außer Goethe, Wieland, Heinrich Meyer, Falk, Fernow, Froriep, die beiden Bartuch, Zacharias Werner, Riemer, Grimm, Passow, Fürst Pückler, die beiden Schlegel und viele andere; und auch fürstliche Personen, wie der Großherzog und Herzog Bernhard von Sachsen. Vorlesungen, die gehalten wurden, Gespräche über Werke der Kunst wechselten ab mit leichter Unterhaltung über Vorfälle des Tages, über das Theater, über neue Erscheinungen in der Literatur, über bekannte ausgezeichnete Personen.

„Es wehte eine eigentümliche Luft in diesen Räumen, die von der Luft Weimars verschieden war[2])," sagt Jenny von Pappenheim. Man atmete, man bewegte sich freier als bei Hofe, weniger frei als bei Ottilie. Die Interessen, die uns hier zusammenführten, waren mehr geistige als Herzensinteressen; der Kreis, in dem die Unterhaltung sich bewegte, umschloß nicht nur die Literatur, sondern auch jede Art der Wissenschaft; selbst die sonst unter uns verpönte Politik, der wir mit ziemlicher Gleichgültigkeit begegneten, fand hier Beachtung.

---

[1]) Stephan Schütze, Die Abendgesellschaften der Hofrätin Schopenhauer.
[2]) Lily Braun, Im Schatten der Titanen. Verlag von G. Westermann, Braunschweig.

Johanna Schopenhauer hatte eine unvergleichliche Art, sich selbst in den Hintergrund zu stellen und trotzdem, wie mit unsichtbaren Fäden, die Geister in Bewegung zu halten. Oft schien sie selbst kaum an der Unterhaltung teilzunehmen, und doch hatte ein hingeworfenes Wort von ihr sie angeregt; ein ebensolches belebte sie, sobald sie ins Stocken zu geraten schien. Vorlesen, Vorsingen, Vorzeigen eigener oder gesammelter Kunstwerke machte überhaupt unsere damalige Geselligkeit zu einer so belebten. Man wetteiferte darin, man hatte einen aufmerksamen, geschärften Blick für alle Vorkommnisse inneren und äußeren Lebens und teilte andern die eigenen Beobachtungen und Erfahrungen rückhaltlos mit. Daß sie sich nicht auf die engen Grenzen Weimars beschränkten, daß uns auch für das politische Leben der Blick geöffnet wurde, war mit das Verdienst Johanna Schopenhauers."

Wie hoch Goethe diese Abende schätzte, bewies er durch seine häufigen Besuche; aber das Eigenartige dieser Versammlungen ließ ihn auch an Karl von Knebel in Jena schreiben[1]):

„Bei Frau Hofrat Schopenhauer sind der Donnerstag und der Sonntag jeder auf seine Art interessant: der erste wegen vieler Societät, wo man eine sehr mannigfaltige Unterhaltung findet; der zweyte, wo man wegen kleinerer Societät genöthigt ist, auf eine concentrirte und concentrirende Unterhaltung zu denken; und was Du Dir kaum vorstellen könntest, in kurzem wird

---

[1]) Brief vom 25. November 1808.

unser geselliges Wesen eine Art von Kunstform kriegen, an der Du Dich gelegentlich selbst ergetzen sollst."

Riemer[1]) erzählt von Goethe, daß er sich „am aufgewecktesten in kleinern Zirkeln erwies, in Jena bei seinem Freunde Knebel, desgleichen bei Frommann; in Weimar aber in den gewähltern kleineren Soireen der jovialen und geistreichen Hofrätin Schopenhauer; hier war er stets vom besten Humor, so gesprächig und mitteilend wie nur je, scherzte, erzählte, las vor, Eigenes oder Fremdes, z. B. Calderons standhaften Prinzen in mehreren Abenden; hörte aber ebenso gern andere etwas vortragen, wobei er, um nicht ganz untätig dazusitzen, am liebsten an einem besondern Tischchen, das für ihn immer bereit stand, zu zeichnen pflegte. Im Selbstvorlesen liebte er öfter abzusetzen und kleine Pausen eintreten zu lassen, teils der gespannten Aufmerksamkeit der Zuhörer einige Ruhepunkte zu gönnen, teils Bemerkungen einzustreuen, die zu besserm Verständnis des Vorgelesenen dienen konnten.

Man ließ ihn gerne nach seiner Art gewähren, da er so gemütlich sein Inneres offenbarte, und dessen, was ihn erfreute oder ärgerte, kein Hehl hatte. Auch bei dem Vortrag anderer bat er sich einen Augenblick Innehaltens aus, zu ähnlichem Behuf: welche Unterbrechung dann wohl einem hastigen Vorleser manchmal unangenehm gewesen sein konnte; doch geschah es nur selten und bei Personen, die ihm eine solche Störung nicht übelnehmen konnten. Seine Bemerkungen, meist ästheti=

---

[1]) Dr. Riemer, Mitteilungen über Goethe, S. 406, 407.

scher Art, waren, wenn auch kurz, doch geistreich, in das Wesen der Kunst oder das Talent des Autors eindringend. Was er aber selbst tat, gestattete er nun auch andern, und jeder mochte seine Meinung aufrichtig und unbefangen äußern, wodurch allererst eine gemeinschaftliche Teilnahme sich ermittelte.

Um mehr Abwechselung in die Unterhaltung zu bringen und das Zuhörerpersonal ebenfalls zu beschäftigen, behandelte er einstmals dieses als Chor und ließ es mit dem Refrain einer Romanze, in der Mitte und dem Schluß der Strophe, sprechend einfallen, welches eine wunderbare, mit dem Inhalt des Gedichts, das von einem für eine Glocke verkauften Mädchen handelte, harmonierende Wirkung tat, da es melodische Frauenstimmen waren, die dieses Glockengeläut nachbildeten. Nur die Geistlosigkeit einiger fand die Sache lächerlich, während sie in einer anderen Gesellschaft mit Beifall aufgenommen wurde.

In diesen Zirkeln trug auch Zacharias Werner an mehreren Abenden sowohl seine Sonette und Romanzen, als seine Trauerspiele Wanda und das Kreuz an der Ostsee aktweis vor."

Von Wieland erzählt Johanna, daß er nicht zu ihren Abenden gekommen sei; er habe sich wohl durch Goethes Gegenwart gedrückt, seiner jugendlichen Frische gegenüber doppelt alt gefühlt. Doch sei er am dritten Orte gern mit ihr zusammengetroffen. Mit herzlicher Teilnahme berichtet sie von seinen Klagen, die er bei einem Zusammensein bei Fräulein von Göchhausen ausgesprochen habe. Seine Laufbahn habe er verfehlt;

gern wäre er Philosoph geworden, hätte aber Jura studieren müssen. Daß er Dichter geworden sei, habe in äußern Umständen seinen Anlaß gehabt, nicht in innerm Drange.

„Niemand hat mich gekannt oder verstanden. Man hat mich in den Himmel gehoben, man hat mich in den Kot getreten, beides verdiente ich nicht . . . Nie hatte ich einen Freund, dem ich meine Arbeiten mitteilen oder darüber sprechen konnte; immer war ich allein; niemand verstand mich, niemand kam meinem Herzen entgegen . . . Hernach kam ich hierher ins vornehme Leben, und da mußte alles bleiben, wie es war. Jetzt bin ich alt und stumpf, und werde wohl nicht lange mehr bei euch bleiben, und ich tauge auch nicht mehr unter euch."

Mit Fräulein von Göchhausen kam Wieland dann auch einmal, am 23. März 1807, aber nicht an einem Gesellschaftsabend, bei Johanna „angestapft", trank Tee mit ihr und war „seelenvergnügt".

Die nun folgende Zeit schuf in Johanna Schopenhauer, wie ihre Tochter Adele sagt, „einen zweiten Geistesfrühling. Denn der Himmel gewährte ihr in derselben, was er sonst nur der Jugend zu geben pflegt. Mit dem wärmsten, sorglosesten Gefühle blickte sie in eine, ihr bis dahin unbekannt gebliebene, und doch längst geahnte neue Welt. Überrascht von der plötzlich sich entfaltenden Kraft ihrer Fähigkeiten, von ihrem bis dahin schlummernden Talent mit einemmal gehoben, genoß sie mit täglich neuer Freude den Umgang der ausgezeichnetsten Männer, die Weimar damals teils als ihm angehörig in sich schloß, teils durch dieselben aus entfernteren Gegenden Deutschlands an sich zog. Sie gefiel und tat gemütlich wohl. Sie war wohlhabend genug geblieben, um bequem leben und den reichen Kreis dieser Freunde fast täglich um sich herziehen zu können. Ihr anspruchsloser und doch anregender Umgang machte ihr Haus zum Mittelpunkt des geistig-geselligen Teibens, in dem jeder sich selbst heimisch und behaglich empfand und unbefangen das Beste darbot, was er zu geben vermochte. Sie selbst nennt in dem Schema zu ihren Memoiren einen Teil der interessantesten Menschen, die sie damals um sich sah; zahllose andere führte die Zeit vorüber, und lange Jahre hindurch blieb, trotz aller äußeren Veränderungen, ein Nachschimmer jener Tage, wie ein später Sonnenstrahl auf dem Hause ruhen."

Jeder Fremde fand zu diesen Soireen der Frau Schopenhauer leicht Zutritt und ward gern gesehen; er mußte nur nicht mit Prätention auftreten und imponieren wollen.

Auch bei Hofe war Johanna, ihres bürgerlichen Standes ungeachtet, gern gesehen. Zwar war Herzogin Amalie zuerst sehr erstaunt gewesen, daß die Schopenhauer, als Fremde und Bürgerliche, eigentlich einen eben solchen literarischen Kreis um sich versammeln konnte, wie sie selbst es tat; aber der Großherzog und Prinz Bernhard verkehrten doch in diesem Kreise, und bald beruhigte sie sich darüber. Im Frühjahr 1811 erschien Johanna zum erstenmal bei Hofe. „Auch scheint sie zur Herzogin (Luise) eingeladen worden zu sein," schreibt Frau von Schiller in wenig freundlicher Gesinnung an Prinzessin Karoline nach Ludwigsburg. Und die Prinzessin antwortet ebenso am 24. Mai: „Die Schopenhauer bei meiner Mutter ist ja ein wahres Evenement; mein Bruder wird glücklich sein."

Als am 10. April 1807 Herzogin Amalie starb, trauerte mit ganz Weimar auch Johanna Schopenhauer aufrichtig um sie. „Ich konnte mit ihr so zutraulich sprechen, als ob sie keine Fürstin wäre," schreibt sie. „Ach, sie war das Band, das die Bessern hier zusammenhielt! ... Sie war keine gelehrte Dame, aber ein liebenswürdiges, ganz weibliches Wesen, voll Liebe zu allem Schönen und Guten ... Wie Wieland, seit dreißig Jahren unzertrennlich von ihr, dies tragen wird, er, der mehr als siebzigjährige Greis, den sie pflegte wie einen geliebten Bruder, dessen Schwächen sie so duldend trug, das weiß Gott! Fräulein Göchhausen und Einsiedel sind beide krank; beide danken ihr alles und sind mit ihr alt geworden, Einsiedel hat ihr sogar als Page gedient[1])."

Trotzdem Johanna die leichte Erregbarkeit ihrer Nerven kannte, hatte sie doch den Wunsch, die Herzogin noch einmal zu sehen. Sie ging mit Bertuchs in das Schloß, wurde aber von dem ganzen düsteren Schaugepränge, von den in der „grauenhaften" Beleuchtung totenbleich erscheinenden Gesichtern der Leidtragenden, namentlich Fernows, so erschreckt und überwältigt, daß sie einer Ohnmacht nahe war. Ihr schwindelte, und sie

---

[1]) W. Bode, Amalie, Herzogin von Weimar.

wäre hingefallen, wenn nicht Meyer sie schnell hinausgeführt hätte. Er blieb auch bei ihr und erzählte ihr viel von der Verstorbenen, mit der er fast zwanzig Jahre in freundschaftlichstem Verhältnis gestanden hatte.

Zu denen, die Johanna am längsten nahe gestanden haben, gehört Karl von Holtei. Er besuchte im Jahre 1828 die damals einundsechzigjährige Frau gelegentlich einer Reise, die er nach Weimar machte, um dort deklamatorische Vorträge zu halten. Schon im Jahre vorher hatte er Johanna kennen gelernt und sich ihre Unterstützung für seine Pläne erbeten. Nun trat er ihr näher, und trotzdem sie bald das Leben voneinander trennte, brachen doch ihre Beziehungen nicht wieder ab. Ein reger Briefwechsel entspann sich zwischen beiden, als Johanna Weimar verlassen hatte (1828—1837), und als Siebzigjähriger hat Holtei im Jahre 1869 die Briefe Johannas herausgegeben. Wenn auch, wie er im Vorwort[1]) sagt, manche davon verloren gegangen sind, so geben doch die erhalten gebliebenen soviel Material für den Charakter Johannas und ihr Leben in jener Zeit fern von Weimar, daß man sie nicht missen möchte. Denn „was der Freund dem Freunde geschrieben," sagt Holtei, „für diesen nur allein geschrieben, das dürfen wir zwischen redlichen Leuten für redliche Wahrheit auf- und annehmen."

Von seinen Besuchen in Weimar und seinem Verhältnis zu Johanna sagt Holtei:

---

[1]) Karl von Holtei, 1798—1880, Verf. der „Schlesischen Gedichte", Dramen, Romane.

„Diese herrliche Frau, die mich wie einen älteren Sohn behandelte und mir vom ersten Tage näherer Bekanntschaft bis zum letzten Atemzuge ihres Lebens eine liebevolle, jeder Entfernung und Trennung Trotz bietende Freundschaft bewahrte, war mir in Weimar eigentlich der Mittelpunkt des Daseins. Gleichviel, ob sie, mich zu erfreuen, eine kleine Schar kluger und lustiger junger Männer um ihren Teetisch versammelte und uns jeden Übermut gestattete, mochten wir noch so wild toben und lachen — oder ob sie in geweihten, feierlichen Abendstunden geistiger und gemütlicher Sammlung mit mir allein bis in die Nacht sitzend, meine klagenden Selbstbekenntnisse vernahm, beruhigend und ermunternd mir einredete, über literarische Entwürfe sprach, keinen Tadel verhehlte, jede Spur von Talent anerkannte und immer mild, schonend, empfänglich, teilnehmend, edel blieb ... Dabei war ihre Einrichtung so zierlich und sauber, alles so sorgsam gehalten, die Räume so friedlich und traulich, die Wände mit schönen Gemälden, zum Teil ihr Werk, geziert, über sie und ihre Umgebung ein so wohltuender Friede verbreitet, daß jene Dämonen des irdischen Taumels und der unersättlichen Gier nach Lebenslust, die störend in mir tobten und mich in manchen Sumpf geführt, schüchtern entwichen, sobald ich nur bei ihr eintrat. Aber ihr durfte ich alles bekennen, alles erzählen, mein Herz vor ihr ausschütten, und ohne Heuchelei erschien ich bei meiner Freundin als der wahre, wirkliche Mensch in seiner ungeschmückten Natürlichkeit. Und so mag mir's nun geglaubt werden oder nicht: sei mir die Wahl gestellt — heute — zu jeder Stunde — ob ich den glücklichsten Abend, den süßeste Liebe mir je gegeben, oder ob ich einen solchen ernsten, wehmütigen, traulichen Abend bei meiner alten, verkrümmten Freundin noch einmal durchleben will — ich wähle den letzteren."

Unter allen Besuchern ihrer Teeabende trat ihr der feinsinnige Kunst- und Literaturkenner Karl Ludwig Fernow[1]) am nächsten. Er lehrte sie das Verständnis der Antike, das ihr früher fern lag, und gab besonders ihrem Talent zur Malerei die Basis der Kunstkenntnisse, welche ihr später die Herausgabe einiger, in dies Fach schlagender Schriften möglich machte. Er war ein edler, am Leben selbst zu großer Tüchtigkeit gereifter Mann und wandte ihr eine sehr ernste Neigung zu. „Was sie für ihn zu tun durch sein Leiden — er starb schon 1808 — veranlaßt ward," sagt Adele Schopenhauer, „ist aus ihrer mit großem Beifall aufgenommenen Biographie Fernows zu ersehen; aber nicht, mit welcher Zartheit er alles, was in seiner Macht stand, für sie tat; ich möchte sagen, es sei von ihm jeder Halt und jeder Schmuck ihres späteren Lebens ausgegangen, und sein Geist habe in jeder bedeutenden Stunde desselben auf sie rückgewirkt, wie in ihrer Jugend das Andenken des Predigers Jameson."

Da Fernows Frau selbst schwer leidend war, so ging Johanna im Juni 1808 mit ihrer Tochter und dem kranken Freunde nach Bad Liebenstein. Aber ein mehr-

---

[1]) Karl Ludwig Fernow, 1763—1808, Bibliothekar der Herzogin Amalie.

wöchentlicher Aufenthalt daselbst brachte kaum eine Linderung, geschweige eine Heilung. Als sie im August nach Weimar zurückkehrten, fand Fernow seine Frau dem Tode nahe, so daß er, anstatt für sich selbst zu sorgen, sich ihrer anstrengenden Pflege unterziehen mußte. Sie starb im September, und nun gelang es Johanna, den totkranken Freund zu bewegen, in ihr Haus zu ziehen. Schmerzvolle Tage und Wochen waren ihm noch beschieden. Erst am 4. Dezember schloß er, von Johanna bis zum letzten Augenblick treu gepflegt, die Augen für immer.

Johannas Schmerz war tief und leidenschaftlich. „Welch ein Ausbruch des Gefühls," schreibt Stephan Schütze. „Wenn sie von etwas anderem sprechen wollte, kam sie immer wieder auf Fernow zurück, stockte dann, besann sich und schloß mit den Worten: „was wollte ich doch sagen!" Wer hätte dieser Ruhe eine solche Lebhaftigkeit, der Sympathie so viel Feuer des Affekts zugetraut!"

Am Begräbnistage Fernows erschien dessen intimster Freund Gerhard von Kügelgen in Weimar; er wurde schnell ein ergebener Freund Johannas. Beide Männer waren auch dem Sohne hochverdiente Berater.

„Nach Fernows Verlust," schreibt Adele, „hat zwar noch mancher freundschaftliche Umgang erfreulich oder betrübend, doch nie mehr entwickelnd auf sie eingewirkt; auch hat von allen späteren Erlebnissen keines so bedeutenden Einfluß gewonnen, daß es ihre gereifte Kraft zu überbieten vermocht hätte."

Mit der Biographie des Freundes begann Johanna

1810 ihre literarische Laufbahn, auf der sie in wenigen Jahren eine der beliebtesten Schriftstellerinnen werden sollte. „So hatte der Freund ihres Lebens unbewußt nach seinem Tode ihr diese Bahn des regsten Strebens eröffnet[1]."

In seinem interessanten Buche „Goethe und die Seinen" nennt Ludwig Geiger[2]) Johanna Schopenhauer „die gastfreieste Frau in Weimar", und an anderer Stelle sagt er, „sie war gewiß die erste vermögende Dame aus guten bürgerlichen Kreisen, die sich in Weimar niederließ und wurde dort die Schöpferin der vornehmen, außerhalb des Hofes stehenden Geselligkeit". Er nennt sie „eine feingebildete, kunstverständige und kunstgeübte Frau, die ihren Gesichtskreis durch große Reisen erweitert hatte, ohne Vorurteile, von freierer Lebensauffassung, als die engen Philisterschichten, wie sie sich in Weimar gebildet hatten".

Heinrich Düntzer wundert sich in seinen Abhandlungen zu Goethes Leben und Werken, daß Johanna den Titel einer Hofrätin führte; von Weimar habe sie ihn nicht erhalten, wie die dortigen Staatshandbücher zeigen. Und er sagt, daß Professor Nicolovius ihm erzählt habe, Karl August habe einmal lachend im Goetheschen Hause gesagt: „Ich begreife die Schopenhauer nicht. Aus Anlaß meines Jubiläums wünschte sie geadelt zu werden. Sie hat sich ja selbst zu einer Hof=

---

[1]) Adele Schopenhauer.
[2]) Ludwig Geiger, S. 263, 70.
[3]) Düntzer, Band I, S. 174.

rätin gemacht. Warum nennt sie sich nicht Frau von Schopenhauer? Warum hat sie mich dazu nötig?"

Die Annahme, daß Johanna Schopenhauer sich den Titel einer Hofrätin willkürlich beigelegt hätte, beruht auf einem Irrtum. Arthur Schopenhauer sagt in seinem Lebenslauf für die Berliner philosophische Fakultät: „Mein vortrefflicher Vater war ein wohlhabender Kaufmann und Königlich polnischer Hofrat, obwohl er nie gestattete, daß man ihn so nannte." So war also dieser Titel dem Floris Schopenhauer vom König von Polen verliehen worden. Wenn Johanna später den Wunsch ausgesprochen hat, geadelt zu werden, so lag das an den eigenartigen Zuständen in Weimar, wo der Adel eine hervorragende Rolle spielte und Johanna trotz der Bedeutung, die sie für das gesellschaftliche Leben dort hatte und trotzdem fast alle ihre Bekannten dem Adel angehörten, von vielem ausgeschlossen war, ihres bürgerlichen Namens wegen. Darunter litt sie — Adele weiß in ihren Tagebüchern davon zu erzählen.

Goethes Freundschaft.

Es gibt nur wenige Briefe Goethes, in denen er Johanna erwähnt und noch weniger, die an sie gerichtet sind. Jedesmal aber, wenn er von ihr oder zu ihr spricht, geschieht es in der Voraussetzung eines herzlichen Freundschaftsverhältnisses.

„Bey Madame Schopenhauer war es ganz unterhaltend", schreibt er an Frau von Stein; und von Jena aus am 1. August 1809 an Christiane: „Frau Hofrätin Schopenhauer wird Dir, mein liebes Kind, einen Braten und eine Schachtel mit Kirschen überbracht haben, wovon ich guten Genuß wünsche."

In der Bonner Universitätsbibliothek finden sich in der Autographensammlung zwei Briefe in Goethes schöner gleichmäßiger Handschrift an Johanna aus den Jahren 1810 und 1813. Sie lauten:

„Ich ermangele nicht, Ihnen Frau Hofrätin vorläufig anzuzeigen, daß morgen Abend im Theater eine musikalische Unterhaltung stattfinden wird. Sie werden daher freundlichst ersucht, Ihre Gesellschaft für diesmal auszusetzen. Dagegen ich nicht verfehlen werde, Ihnen ein paar Billette auf Ihre Loge zu schicken und auch die übrigen Freunde soviel als möglich zu versorgen. Der ich recht wohl zu leben wünsche.

Weimar, den 21. Februar 1810.
            Goethe.

„Da unsere gefällige Freundinn erlauben will, daß morgen Donnerstags das Kerstungsche Bild bey ihr ausgespielt werde, so würde ich wünschen, daß H. von Spiegel veranlaßt werden könnte, gegenwärtig zu seyn, der sich für die Sache gar treulich interessirt hat. Sodann könnten vielleicht die Fräuleins von Pogwisch eingeladen werden, und mit der lieben Tochter und noch etwa einer guten Hausfreundinn das Ziehen und Einfädeln der Loose zu besorgen. Alles Nöthige werde ich mitbringen, das Übrige Ihrer gefälligen Anordnung überlassend.

Der ich recht wohl zu leben wünsche.
Goethe.
Weimar, den 10ten März 1813.

Im Juni 1813 war Goethe in Teplitz.

„Wie es unserer Schopenhauer ergangen, möchte ich doch auch wissen," heißt es in einem Brief an Christiane; „Grüße sie von mir und versichere sie meiner Theilnahme." Und vorher am 6. Juni: „Madame Schopenhauer viel Grüße! wie ist es ihr da draußen ergangen?"

Aus dem nächsten Jahre, 1814, ist noch ein Brief Goethes[1]) an Johanna vorhanden, der sein Interesse für ihre Malerei zeigt. Er hat sich vollständig in ihren Entwurf vertieft und gibt ihr viele gute Ratschläge, bei deren Lektüre man sich's vorstellen kann, welchen Wert sie für Johanna gehabt haben. Soviel Teilnahme, Änderungsvorschläge oder Worte des Beifalls von einem Sachkundigen, wie Goethe es war, mußten anregend und fördernd auf ihr Talent wirken. In diesem Briefe sagt Goethe:

---

[1]) Goethe-Jahrbuch XIV, S. 153.

Hierbey folgt, wertheste Freundinn, ein Vorschlag, wie der irdische Raum zwischen den beiden himmlischen Figuren auszufüllen und ihre Umgebung zu bezeichnen seyn möchte. Sie werden die zarten Strichlein lesen und ihnen, durch eine kräftige und geschmackvolle Ausführung erst den rechten Werth geben. Ich füge noch so viel hinzu. Der Himmel, von des Engels Seite am hellsten, deutet auf einen klaren Sonnentag, in dessen Äther sich die Heiligenscheine angenehm verflössen, ganz hinten ist eine blaue Ferne vorausgesetzt, von Schloß und Felsen bemerkt man schon eine gelbliche Lokalfarbe, der nähere Wald könnte mit mancherley Grün mehr warm als kalt, vielleicht hie und da etwas röthlich belebt werden. Ganz vorne ist eine Brustlehne supponiert, die, aus zusammengebundenen Rohren bestehend, mit Vinia, oder einem ähnlichen Gesträuch überzogen wäre, hier wären blaugrüne, nicht allzugroße Blätter und blaue violettliche Blumen am Orte. Dieses alles, sowie den theils angegebenen, theils angedeuteten Weinstock, werden Sie, meine kunstreiche Freundinn, mit mehr Geschmack im Einzelnen ausführen, als es hier entworfen werden konnte. Vielleicht kommt unter der Arbeit ein besserer Gedanke. Schließlich kann ich zu bemerken nicht unterlassen, daß ich die große Wichtigkeit bewundert habe, mit der Sie die Umrisse beyder Figuren gezeichnet und, völlig den Charakter der Bilder ausdrückend, ins Kleine gebracht haben.

Mich bestens zu geneigtem Wohlwollen empfehlend
J. W. v. Goethe.

Weimar den 18. Februar 1814.

Holtei hörte einmal Johanna erzählen, sie sei mit Zacharias Werner und einigen anderen Freunden bei Goethe vor der Aufführung von Werners „Wanda" zum Essen gewesen. Auf die Frage, wo man sich nach dem Theater versammeln werde, suchte Goethe, der allzugroßen Andrang fürchtete, die Last von sich ab und wie er es oft in ähnlichen Fällen tat, der Frau Schopenhauer zuzuwenden, die gastfrei und gefällig, dergleichen Schicksale oft über sich ergehen ließ. Diesmal kam es ihr, da sie gar nichts vorbereitet hatte, denn doch ein wenig zu schnell, und sie wurde um so bedenklicher, weil sie die Aufführung des Wernerschen Stückes doch um keinen Preis versäumen wollte, und folglich keine Zeit mehr hatte, sich um den Haushalt zu bekümmern. Sie eilte in größter Angst heim und rief eben nur ihrer Wirtschafterin zu: „Wir bekommen auf die Nacht Scharen von Gästen; richte dich ein und hilf dir, so gut du kannst!"

Sophie hatte alles aufs beste besorgt, und die so plötzlich inszenierte Gesellschaft nahm einen angeregten, frohen Verlauf.

Wen Johanna einmal in den großen Kreis ihrer Freunde aufgenommen hatte, dem blieb sie auch treu, der konnte auf sie zählen. Selbst für Christiane, deren ganze Art so weit verschieden von Johannas Wesen und Gewohnheiten war, fand sie immer wieder gutherzige Worte. Und nicht nur Goethe zu Liebe. Als Christiane gestorben war, am 6. Juni 1816, wußten nur sehr wenige von Goethes Freunden herzlich von ihr zu sprechen. Riemer, Boisserée, Zelter und andere, die

Großherzogin Luise, sie alle bedauerten nur Goethes Trauer. Johanna dagegen, nachdem sie in ihrem Briefe an Elise von der Recke den furchtbaren Tod von Christiane geschildert hatte — sie war von allen ihren Lieben verlassen, fast ohne Pflege gestorben — schloß mit den Worten: „Es kränkt mich, daß niemand mit Mitleid ihres Todes gedenkt, daß alles das viele gute, welches doch in ihr lag, vergessen ist, und nur ihre Fehler erwähnt werden, selbst von denen, welchen sie wohl tat und die ihr im Leben auf alle Weise schmeichelten." Und Frau von der Recke antwortete ihr darauf (3. Juli 1816): „Sie haben Recht, teure Frau! Die im Leben auf einer Seite so glückliche — im Sterben aber höchst unglückliche Goethe hatte doch viele guten Seiten[1]). Warum richten die Menschen denn immer ihre Blicke nur auf die Fehler der anderen, statt diese nur stille für sich als Warnungen zu betrachten, die uns vor Fehlern schützen?... Wir, liebe Teure! wir wollen immer der guten Seiten der Verstorbenen gedenken, und ihre Schwächen in Vergessenheit zu bringen uns bemühen!"

Johanna Schopenhauers Bericht an Frau von der Recke über Christianes Tod ist übrigens nach Geiger (S. 105) der einzige, den wir besitzen.

Nachdem im Jahre 1817 Goethes Sohn August sich mit Ottilie von Pogwisch verheiratet hatte, traten die Abende Johanna Schopenhauers zurück gegen die regelmäßigen geselligen Vereinigungen, die bei dem jungen

---

[1]) L. Geiger, Goethe und die Seinen, S. 105—108.

Goetheschen Paare stattfanden. Mutter und Tochter Schopenhauer nahmen oft daran teil. Die Freundschaft, die Goethe für Johanna empfand, übertrug er auch auf ihre Kinder, namentlich auf Adele.

Von Adele Schopenhauer erzählt H. Düntzer, daß sie äußerlich keine reizvolle Erscheinung gewesen sei; „ihre blauen Augen traten stark hervor, und ihre glänzend weißen Zähne wurden von der kurzen Oberlippe zu wenig bedeckt; bei hoher Gestalt hatte sie schwache Schultern, doch floß ihr braunes Haar weich und voll. Aber wegen ihres sinnigen Geistes, ihres reichen Gemütes und ihres edlen Herzens gehörte sie zu den Lieblingen Goethes." Sie war innig befreundet mit Goethes Schwiegertochter Ottilie, und empfand deren Erlebnisse mit ihrem ungemein leicht erregbaren Gefühl oft heftiger als Ottilie selbst. Jenny von Pappenheim gibt in ihren Memoiren Schilderungen von Adele. Sie rühmt sie als ein belebendes Element des Schopenhauerschen Kreises, wenn auch in anderer Art wie die Mutter. Dann aber fährt sie fort: „Ihre Leidenschaftlichkeit riß sie oft über die Grenzen der geselligen Unterhaltung hin. Ihre Empfindungen waren von verzehrender Glut und ein Hauptgrund ihrer vielen körperlichen Leiden. Von Natur reich begabt, fehlte ihr die Kraft, sich zu beschränken, so daß sie weder ihr poetisches noch ihr künstlerisches Talent zu Bedeutendem ausbildete. Goethes eindringliches Wort: „Beschränkung ist überall unser Los" wollte sie nicht verstehen, daher das Gefühl des Unbefriedigtseins dauernd auf ihr lastete. Vollkommen und tabellos war ihre Geschicklichkeit im Sil=

houettenschneiden. Sie illustrierte einmal ein Märchen, das Tieck vorgelesen hatte, und zwar während er las, mit einer Feinheit und poetischen Auffassung, die deutlich zeigten, was sie hätte leisten können, wenn sie die Ausdauer gehabt hätte, zeichnen und malen zu lernen."

Goethe fühlte für Adele, die er unter seinen Augen hatte aufwachsen sehen, eine herzliche Zuneigung. Er schätzte ihre vielseitigen Talente und gab viel auf ihr Urteil auch in literarischer Beziehung. Er entbehrte sie sehr, als sie später mit ihrer Mutter nach Bonn zog, und bis in die letzten Tage seines Lebens gaben ihr öftere Briefe und kleine Sendungen den Beweis seiner dauernden Zuneigung. Auch für Johannas Sohn, für Arthur Schopenhauer, interessierte sich Goethe; er nannte ihn einen „verdienstvollen" jungen Mann, ein andermal einen „schwer zu erkennenden jungen Mann"[1]. Doch hatte die erste Annäherung keinen lebhafteren Verkehr zur Folge. Als Schopenhauer 1814 Weimar verließ, schrieb ihm Goethe auf ein Stammbuchblatt — es sollte dieses das einzige in seinem Stammbuch bleiben:

„Willst Du Dich Deines Wertes freuen,
So mußt der Welt Du Wert verleihen.

im Gefolg und zum Andenken mancher vertraulichen Gespräche.

Weimar, den 8. May 1814.
Goethe."

---

[1] Gwinner, S. 100.

Auch über Arthur Schopenhauer äußert sich Jenny von Pappenheim[1]). „Durchaus verschieden von Mutter und Schwester," schreibt sie, „zeigte sich Arthur Schopenhauer, der, so selten er auch in Weimar war, doch oft genug erschien, um sich uns unsympathisch zu machen. Goethe verteidigte seine Persönlichkeit einmal ziemlich lebhaft. Er, der so innigen Anteil an dem Ergehen seiner Freunde nahm, sah ungern, wie das Zerwürfnis zwischen Johanna Schopenhauer und ihrem Sohne ständig zunahm, und sein Einfluß machtlos dem gegenüberstand. Die Treue in der Freundschaft, die tätige Liebe zu den Kindern seiner Freunde ist immer einer seiner schönsten Charakterzüge gewesen, von dem die Schopenhauersche Familie das beste Zeugnis ablegen konnte. Er war ein häufiger Gast in deren Hause gewesen; nun, da er nicht mehr ausging, zog er Adele oft in seine Nähe, der Mutter so am besten seine Dankbarkeit für ihre Gastfreundschaft, ihren anregenden Umgang beweisend.

Eng verbunden blieb Johanna mit Goethe, auch in der späteren Zeit, als sie Weimar verlassen hatte und nach Bonn gezogen war.

Als nach Jahren die Nachricht von seinem Tode die beiden Frauen erreichte, waren sie genau unterrichtet über die letzten Tage seines Lebens. So schrieb Johanna an Holtei, daß sie Ursache habe zu glauben, die „Sterbestunde habe Goethe nicht unerwartet überschlichen, obwohl er, um die Seinen, wohl auch um sich selbst zu schonen, nichts davon merken ließ." Auch Ottilie und

---

[1]) Lily Braun, Im Schatten der Titanen.

die Kinder hätten davon keine Ahnung gehabt; „ich aber," fährt sie fort, „habe von Jemand, dem ich trauen darf, erfahren, daß er Vogeln (den Arzt) befragte, ob er noch Hoffnung habe? Vogel antwortete, wie er in diesem Falle mußte: keine! — Goethe schwieg eine Weile.... „Nun, dann muß man sich schon darein ergeben", sprach er gelassen, und nun war nicht weiter die Rede davon. — „Wie so ganz in Goethes Geist und Sinn ist diese Antwort," fügt Johanna hinzu, „dieses männlich gefaßte, durchaus natürliche Benehmen!"

Im Goethe-Schiller-Archiv zu Weimar finden sich noch einige Briefe Johannas an Goethe in der Handschriftensammlung, die ich der Vollständigkeit wegen hier folgen lasse. Sie geben ein Bild von dem freundlichen Verkehr, der zwischen beiden stattfand.

Im Februar 1814 schreibt Johanna:

„Hier übersende ich Ew. Exzellenz die Krone der Wernerschen Werke, von der ich neulich mit Ihnen sprach.

Zugleich wünsche ich zu wissen, wann es Ew. Excellenz gefällig wäre, die Dose zu verspielen. Ich hoffe, der feierliche Aktus wird, wie sonst geschah, unter Ihrer Aufsicht bei mir vor sich gehen, ohne diese ist weder Freude noch Ordnung dabei zu hoffen. Ich möchte den künftigen Dienstag oder Donnerstag dazu vorschlagen, wenn eben am Hofe nichts vorfiele, oder wäre es nicht besser, da die Gesellschaft groß und etwas gemischt ausfallen möchte, welches jetzt, da ich ein größeres Lokal gebe, nicht wohl zu vermeiden ist, wenn ich niemand beleidigen will, wenn wir an einem Teater Tage, etwa Montag oder Mittwoch die Stunden vor dem Teater von 4 bis 6 dazu bestimmten, oder auf einen Vormittag. Ich bitte Sie zu entscheiden und erwarte Ihre Befehle, Sie wissen, wie gern ich mir von Ihnen befehlen lasse. Wenn Sie den Tag bestimmt haben und die Stunde, so erbitte ich mir die Liste damit ich sehe wer von meinen Bekannten drauf steht um sie einzuladen.

Ihre ergebenste

J. Schopenhauer

Aus dem Jahre 1815 ist der folgende Brief:

„Wollten Sie wohl, lieber Herr Geheimrath, heute eine Tasse Thee bei mir trinken? Ich habe mit Fleiß nicht früher anfragen wollen um Sie nicht zu hindern anders über Ihren Abend zu disponieren, wenn Sie dies aber nicht getan haben und mir ihn schenken wollen, so machen Sie mir eine große Freude, denn ich habe Sie seit einer Ewigkeit nicht gesehen. Sie finden den Erbprinzen bei mir, Frau von Wangenheim, Freund Meyer und weiter niemanden außer meinen Hausgenossen, Adelen und Reg. Rat Müller, doch Clementine Milkau hätte ich bald vergessen.

Ihre ergebene

J. Schopenhauer.

24. Juni 1816.

„Ich bitte um die Erlaubnis, Ew. Excellenz heute Abend oder morgen zu irgend einer von Ihnen zu be=

stimmenden Stunde, meine Aufwartung machen zu dürfen. Nicht nur der Wunsch, nach langer Zeit Ew. Excellenz wiederzusehen, bestimmt mich zu dieser Ihnen vielleicht lästigen Bitte, ich bin im Begriff, so wie die Witterung besser wird, eine Reise an den Rhein zu unternehmen, und bedarf über manches dabei zu bedenkende Ew. Excellenz Rat.

Ich bitte nur durch den Überbringer mir mündlich sagen zu lassen ob und wenn ich kommen darf.

Ergebenst

1. 12. 1816. Johanna Schopenhauer.

„Doktor Blech aus Danzig, folglich mein Landsmann, wünscht sehr Ihre persönliche Bekanntschaft, lieber Herr Geheimrath. Ich hätte es ihm auszureden gesucht, da ich weiß, wie lästig Ihnen solche Besuche oft sind, aber ich denke der junge Mann wird Ihnen nicht mißfallen, Sie werden in mancherlei Hinsicht Ansprache bei ihm finden, deshalb frage ich an, wann er Ihnen aufwarten darf und bitte nur um mündliche Antwort durch die Überbringerin. Übrigens wohnt er im Elephanten und bleibt noch einige Tage hier, er hat in Berlin Medizin studiert und kommt jetzt aus Wien.

Wann werde ich Sie endlich einmal wiedersehen? Wie wäre es, wenn Sie und Meyer morgen nach dem Teater Punsch bei mir tränken und ich lüde den L. Blech mit dazu ein?

Um freundliche Antwort bittet

Ihre J. Schopenhauer.

Der Berufswechsel des Sohnes.

¹) Während die Mutter sich mitten unter den Schrecken des Krieges eine neue Existenz schuf, saß der Sohn in anderer, tieferer Not an dem verhaßten Kontorpult. Immer heftiger tobten in ihm der Widerstreit zwischen innerem Beruf und äußerlicher Pflichttreue, bis allmählich eine tiefe Melancholie sich einstellte. Die Möglichkeit, den verfehlten Beruf jetzt noch abzuwerfen, kam ihm unter den heterogenen Umgebungen und Beschäftigungen nicht mehr in den Sinn. Er dachte, dazu sei es zu spät. — An sich selbst verzweifelnd ließ er den Riß in seinem Innern nur in schwermütigen Reflexionen in den Briefen an die Mutter durchblicken.

Sie hatte ihm in lebendiger, farbenreicher Darstellung die Plünderung Weimars, ihr entschlossenes, anfeuerndes Eingreifen zur Linderung des Elends der Verwundeten und Beraubten geschildert und ihn versichert:

„Ich könnte dir Dinge erzählen, vor denen dir das Haar emporsträuben würde; allein ich will es nicht tun: denn ich weiß ohnehin, wie gern du über das Elend der Menschen brütest. Du kennst es noch nicht, mein Sohn; alles, was wir zusammen sahen, ist nichts gegen diesen Abgrund des Jammers."

---

¹) Nach Gwinner, S. 40 usw.

Aber ihren guten Stern auch im Unglück rühmend, hatte sie mit den Worten geschlossen:

„Alles, was ich sonst wünschte, findet sich von selbst, und ich verdanke es bloß dem Glücke, daß meine Zimmer unversehrt geblieben, und daß ich Gelegenheit fand, mich zu zeigen, wie ich bin, daß meine Heiterkeit ungetrübt blieb, weil ich von Tausenden die einzige bin, die keinen herben Verlust zu beweinen hat, und nur das allgemeine Leiden, kein eigenes, mein Herz preßt. Ich fühle es wohl, wie egoistisch das klingt, und dies ist eben die entsetzliche Seite des allgemeinen Unglücks, daß es auch die Besten unter uns zu diesem Egoismus herunterstimmen kann."

Da ergriff der Sohn das willkommene Thema zur Variation und schrieb an die Mutter:

„Das Vergessen überstandener Verzweiflung ist ein so seltsamer Zug der menschlichen Natur, daß man dergleichen nicht glauben würde, wenn man es nicht sähe.

Aber gewiß, es soll so sein, nichts soll standhalten im vergänglichen Leben: kein unendlicher Schmerz, keine ewige Freude, kein bleibender Eindruck, kein dauernder Enthusiasmus, kein hoher Entschluß, der gelten könnte fürs Leben! Alles löst sich auf im Strom der Zeit. Die Minuten, die zahllosen Atome von Kleinigkeiten, in die jede Handlung zerfällt, sind die Würmer, die an allem Großen und Kühnen zehren und es zerstören. Das Ungeheuer Alltäglichkeit drückt alles nieder, was emporstrebt. Es wird mit nichts Ernst im menschlichen Leben, weil der Staub es nicht wert ist. Was sollen auch ewige Leidenschaften dieser Armseligkeiten wegen?

Life is a jest and all things show it:
I thought so once, and now I knom it."

Mit sorgendem Herzen sah die Mutter solche Zeichen einer abnormen Entwicklung sich häufen, und da ihr Arthurs Widerwille gegen den kaufmännischen Beruf kein Geheimnis war, so gab sie dem Gedanken an eine Veränderung seiner Lage, obwohl der Sohn kein Wort von dem Wunsche des Berufswechsels geschrieben hatte, allmählich Raum. Zunächst versuchte sie allerdings, ihm gut zuzureden und ihm seine Unbefriedigtheit als eine natürliche Erscheinung seines Alters hinzustellen. Sie schrieb ihm auch in ihrem Briefe vom 10. März 1807 von den Lichtseiten des von ihm gehaßten Kaufmannsstandes, und von den Schattenseiten des Gelehrtenberufes, wie ihr offener Verstand beides erkannte, und warnte vor zu schnellem, nicht reiflich überlegtem Wechsel.

„Schilt mich nicht wegen meiner Saumseligkeit, ich denke viel und mit rechter Liebe an Dich, ich wünsche Dich oft zu mir, und wenn Fernow und St. Schütze mir erzählen, wie sehr spät sie zum Studieren gekommen sind, und ich doch sehe, was beide wurden, so fliegt mir so manches Projekt durch den Kopf, aber freilich, beide brachten Schul= und mühsam selbst erworbene Kenntnisse auf die Akademie, die Dir bei der eleganten Erziehung, die Du erhieltst und in unserer Lage erhalten mußtest, mangeln. Beide, in sehr beschränkter Mittelmäßigkeit an einem kleinen Ort geboren, konnten manchen Genuß, ohne ihn nur zu wünschen, entbehren, der Dir wenigstens für die Zukunft unentbehrlich sein muß, also mußt Du wohl in der Laufbahn bleiben, zu der Du Dich einmal bestimmt hast. Hier, wo niemand reich ist, sieht man alles anders, bei Euch strebt man nach Geld, hier denkt niemand daran, nur leben will man, die Freude findet man in dem, wodurch man die Notwendigkeiten des Lebens sich erwirbt, ich bin hier in einer ganz anderen Welt, aber ich weiß wohl, daß die Welt, in der Du lebst, auch sein muß, obgleich ich mich herzlich freue, daß ich ihr entronnen bin, indessen kann es doch nicht fehlen, daß meine Ansichten Dir bisweilen wunderbar vorkommen müssen, und ich verarge Dir es nicht.

... Daß Dir in der Welt und in Deiner Haut nicht wohl ist, würde mir bange machen, wenn ich nicht wüßte, daß es gerade jedem in Deinem Alter so ist, den die Natur nicht von Hause aus zu einem Klotz bestimmte, Du wirst bald mit Dir selbst ins reine kommen, und dann wird die Welt Dir auch gefallen, wenn Du nur immer Frieden mit Dir selbst zu erhalten weißt, freilich, mein armer Arthur, Dir wird in Deiner isolierten Lage der Übergang ins wirkliche Leben schwerer als andern, ich vielleicht verstehe Dich, und könnte Dich geduldig anhören und Dir raten und Dich trösten und fehle Dir gerade jetzt, da Du ein Wesen, an das Du Dich mit vollem Vertrauen wenden kannst, am nötigsten hast; aber das ist nicht zu ändern, habe Geduld, es kommen Dir schönere Zeiten. Gerade in der Zeit, in der Du jetzt lebst, lieber Arthur, schwindet die bunte Kinderwelt, die erste Frühlingszeit des Lebens, in der neuen Welt, die Dir sich öffnet, weißt du noch nicht Bescheid, du schwankst und weißt selbst nicht recht, wohin Du gehörst, das wird sich ändern, Dein Unmut wird schwinden, und Du wirdst gern und froh leben. Es kommt Dir jetzt vor, als ob ich unrecht hätte, auch das ist natürlich und wird sich auch geben, wenn Dir vielleicht nach einem Jahr diese Zeilen wieder in die Hände fallen."

Aber die Klagen des Sohnes wollten nicht verstummen, und Johanna fragte Fernow um Rat. Dieser trat für die Wünsche Arthurs ein und befürwortete einen Wechsel seines Berufes. Am 28. April 1807 teilte Johanna ihm dieses mit. Sie schrieb ihm, daß sie immer noch gehofft habe, er würde sich mit seinem Kaufmannsberufe aussöhnen können; da sei sein Brief vom 28. März gekommen. „Der ernst und doch gelassen, tief aus dem Gemüt und ins Gemüt bringende Ton," sagt Johanna, „in dem Du schriebst, weckte mich aus meiner Ruhe. Wäre es möglich, daß Du auf Deinem jetzigen Wege ganz Deine Bestimmung verfehltest! So muß ich alles, alles anwenden, um Dich noch womöglich zu retten, ich weiß, was es sagen will, ein Leben zu leben, welches unserm Innern widerstrebt, und wenn es möglich ist, will ich Dir, meinem geliebten Sohne, diesen Jammer ersparen. Ach lieber, lieber Arthur, warum mußte damals meine Stimme so wenig gelten, was Du jetzt wünschest, war ja einst mein wärmster Wunsch, wie tätig strebte ich darauf los, ihn auszuführen; trotz allem, was man mir entgegensetzte, war ich doch durchgedrungen, aber wir beide wurden auf eine grausame Art getäuscht, wir wollen darüber schweigen, diese späten Klagen helfen nichts."

Sie erzählt ihm, daß sie mit Fernow gesprochen habe und teilt ihm dessen Ansicht mit.

„Ich, mein Arthur, will wahrlich Deinem Glücke nichts in den Weg legen, Du selbst aber mußt Dir den Weg suchen und wählen, dann will ich raten und helfen, wo und wie ich kann. Suche also vors erste, mit Dir selbst aufs reine zu kommen."

Dann führt sie ihm vor Augen, ein wie angestrengtes, arbeitsvolles, mühseliges Leben das Leben eines Gelehrten ist, wie nur die Freude an der Beschäftigung ihm Reiz gibt, sie sehe das in nächster Nähe bei Fernow; und wie dagegen der Kaufmann im großen Sinne des Wortes freier ist als jeder andere; ihm bleiben Stunden genug übrig zur höheren Bildung des Geistes.

„Als Kaufmann kannst Du unendlich viel Gutes tun, Du kannst später mein Alter verschönern, Du kannst Adelen versorgen, und ich kann sie ruhig Dir überlassen, wenn ich sterbe, ehe sie versorgt ist. Doch es soll weder von mir, noch von irgend etwas die Rede jetzt sein, als von Dir. Lieber Arthur, überlege alles reiflich und wähle, aber dann bleibe fest, laß es Dir nie an Ausdauer fehlen und Du kommst sicher zum Ziele, wähle, welches Du willst. Ich sage Dir nicht, daß Du mich nicht betrügen sollst, denn ich kenne Dich und Deine feste reine Rechtschaffenheit, aber mit Tränen im Auge beschwöre ich Dich, betrüge Dich selbst nicht, gehe ernstlich und ehrlich mit Dir selbst um, es gilt das Wohl Deines Lebens, es gilt die Freude meiner alten Tage, denn nur von Dir und Adelen hoffe ich Ersatz für meine verlorene Jugend, ich ertrüge es nicht,

Dich unglücklich zu wissen, besonders wenn ich mir den Vorwurf machen müßte, durch zu große Nachgiebigkeit dies Unglück Dir zugezogen zu haben. Du siehst, lieber Arthur, daß ich Dich herzlich liebe und gern Dir in allem helfen will, belohne mich dafür durch Vertrauen, und dadurch, daß Du, wenn Du gewählt hast, beim Vollbringen Deiner Wahl meinem Rate folgst, und mich nicht durch Widerspenstigkeit kränkest, Du weißt, ich bin nicht eigensinnig, ich weiß Gründen nachzugeben, und werde nie etwas von Dir fordern, was ich nicht auch mit Gründen unterstützen könnte. Alles, was ich bis jetzt für Dich tat, war gut" und die Mutter erzählt ihm, daß, wenn es nach ihr gegangen wäre, er jetzt auf der Universität wäre: — „Dein Vater hatte in seinem Sinne nicht unrecht, auch er wollte Dein bestes, und er kannte nur dies eine, vielleicht ist's auch das Beste."

Und an einer anderen Stelle dieses Briefes heißt es: „Nach Weimar nehme ich Dich nicht, Du hättest hier, besonders mit mir, zu viel Zerstreuung, nur wenn Du all Dein Tichten und Trachten auf diesen einzigen Zweck richtest, kannst Du zum Ziel kommen."

Aus diesem Briefe spricht die reife Lebenserfahrung der Mutter, die die Gefahren eines Berufswechsels kennt; und die in kluger herzlicher Sorge dem Sohne nicht nur die Lichtseite, sondern auch die Schattenseite eines solchen Schrittes zeigt, ihn dabei immer wieder versichernd, daß, wie er sich auch entscheide, ihr Rat und Beistand ihm zur Seite bleiben solle. Paul Kühn[1]

---

[1] Paul Kühn, Die Frauen um Goethe, S. 363.

nennt diesen Brief Johannas „ihr schönstes Ehrenzeugnis; er zeige sie im hellsten Lichte."

Man sollte glauben, daß ein treuer Vater nicht besser seinem Sohne hätte raten können; aber man sollte auch ebenso zu dieser Zeit noch an ein durchaus herzliches Verhältnis zwischen Mutter und Sohn glauben. Die eine Warnung, nicht durch Widerspenstigkeit sie zu kränken, fällt dabei nicht ins Gewicht. Denn welcher neunzehnjährige Sohn, so liebevoll er auch zu seiner Mutter stände, würde nicht ab und zu seine Selbständigkeit ihr gegenüber behaupten wollen! So ist dies, wie gesagt, mehr eine Warnung als ein Vorwurf.

Johanna hatte das Schreiben Fernows, in dem er seine Ansicht aussprach, ihrem Briefe beigelegt. Fernow erklärte, daß er ein Alter von achtzehn Jahren keinesfalls schon zu hoch fände, um eine Beschäftigung zu verlassen und sich dafür einer literarischen und wissenschaftlichen Bestimmung zu widmen. Er vertrat diese Ansicht ausführlich, führte Beispiele anderer Männer an und versicherte aus eigener Erfahrung, daß ein unauslöschlicher Trieb und feste Beharrlichkeit, wenn auch einige Jahre später, doch sicher zum Ziele führen, und daß das Gefühl, seinem eigenen Bestreben das, was man ist, zu verdanken, die Anstrengungen, die es in den Jahren des Werdens gekostet hat, überschwenglich belohnt.

Noch im Alter erzählte Arthur Schopenhauer, wie er niemals wieder im Leben eine solche Erschütterung seines innersten Wesens empfunden habe, als in jener Stunde durch Fernows Schreiben.

„Als ich diesen Aufsatz gelesen hatte," sagt er in seinem Lebenslauf, „vergoß ich einen Strom von Tränen, und augenblicklich stand mir der Entschluß fest, obwohl ich sonst an irgendwelche Wahlentscheidungen nur mit unendlichem Zögern herantrat."

Fernow schlug ferner vor, Arthur solle zunächst, etwa in zwei Jahren, die alten Sprachen nachholen, dann als nötige Vorbereitung zu den Universitätsstudien noch ein bis zwei Jahre ein Gymnasium besuchen, so daß er im Alter von zweiundzwanzig Jahren die Universität beziehen könne.

In jenem Augenblicke sah Arthur die Würfel gefallen und seine Zukunft klar bestimmt vor sich liegen. Es war im Mai 1807. Sofort schrieb er an seinen Prinzipal, an seine Mutter und bereitete seinen Weggang von Hamburg vor.

Ein Brief Johannas vom 14. Mai 1807 zeigt, wie diese die Nachricht aufnahm und für den Sohn tätig war. „Du bist also entschlossen, mein Arthur; viel Glück dazu; ich hoffe, es soll Dich nicht reuen. Denn nach diesem Schritte käme jede Reue zu spät. Jetzt ist nur ein Weg für uns, und der geht vorwärts. Wir müssen nun die Zeit zu Rate halten. Du siehst, ich beantworte Deinen Brief wenige Stunden, nachdem ich ihn erhielt... Daß Du so gegen Deine Gewohnheit schnell Dich entschlossest, würde bei jedem anderen mich beunruhigen, ich würde Übereilung fürchten; bei Dir beruhigt es mich, ich sehe darin die Macht des Naturinstinkts, der Dich treibt. Nur jetzt Ausdauer und Mut, guter Arthur, wende alle Deine Macht, alle Deine Kräfte an, das Ziel zu erreichen; es wird Dich lohnen. Lieber, lieber Arthur, laß es mich nie bereuen, daß ich nicht Deinen Wünschen entgegenarbeite, Dein Glück soll mich für alles, für jede Sorge um Dich, für so vieles, wovon Du nichts weißt, oder es doch nur ahnest, entschädigen. Du kannst nur glücklich werden, wenn Du jetzt nicht wankst, noch weichst. In Deinem Alter kann man ungeheuer viel, wenn man nur ernstlich will. Jetzt willst Du gewiß mit ganzer Seele; aber wirst Du ausdauern, und werden die großen Schwierigkeiten, die sich Dir entgegenstellen, Dich nicht zurückschrecken? Nur dies eine fürchte ich; denn an Talent fehlt es Dir nicht; aber Du bist alt und klug genug, um Dein eigenes Heil zu bedenken, und so hoffe ich getrost. Ich habe auch meinen Freund Fernow schon gesprochen, auch Meyern, der mich heute besuchte, habe ich Deinen schnellen Entschluß erzählt."

Nachdem sie ihm mitgeteilt hatte, daß er zu seinen Studien nach Gotha gehen solle, redete sie ihm zu, seine ziemlich reiche Einrichtung in Hamburg als hindernden Ballast wegzuschaffen; und schloß mit den Worten:

„Denke nicht ferner über Deinen Entschluß nach, er ist jetzt gefaßt; aber waffne Dich mit Mut, strebe, Dich von so manchem unnützen Tand loszumachen, der Dir nur hinderlich sein und nicht helfen kann. Du verachtest den Reichtum, lerne auch seinen Schein verachten und Deinen Blick einzig nach dem schönen großen Ziel zu richten, das Du Dir selbst gesetzt hast, so wirst Du glücklich sein. Auch mir ist jetzt wohler ums Herz;

denn Dein Mißmut drückte auch mich; es wird jetzt alles besser, alles recht gut gehen; das hoffe ich mit Überzeugung."

Auf den Rat der Mutter ging Arthur nach Gotha. Bald aber hatte Johanna Ursache unzufrieden mit ihm zu sein. Neben dem vollen Jugendmute, mit dem er sich in Gotha freudig an seine Arbeit machte, stellte sich auch der Übermut seines glücklichen Alters ein. Er dichtete Spottverse auf die Gothaer Philister, durch den Beifall seiner Mitschüler angespornt, auch auf einen Professor des Gymnasiums. Infolgedessen fand sich aus kollegialischen Rücksichten sein Lehrer in Griechisch veranlaßt, ihm seine Privatstunden aufzukündigen. Damit war der Hauptzweck seines Aufenthaltes in Gotha vereitelt.

Johanna schrieb ihm einen sehr scharfen Brief. Sie warf ihm die Schroffheiten und Schwächen seines Wesens vor, ohne sich klar zu werden, daß gerade in dem Alter der beginnenden Selbständigkeit der Tadel oft eher zum Trotz als zum Besserwerden leitet. „Du siehst, wie es mit deiner eingebildeten Menschen- und Weltkenntnis steht: was geschehen ist, sagte ich Dir vorher; Du siehst, wie sehr Du irrtest... Dies ist die erste Lektion, welche die Dich umgebende Welt Dir gibt. Sie ist hart, aber wenn Du Dich nicht änderst, wird es noch härter kommen, Du wirst vielleicht sehr unglücklich werden, und weder das Bewußtsein, es nicht verschuldet zu haben, noch die Teilnahme der Besseren wird Dich trösten... Du bist kein böser Mensch, Du bist nicht ohne Geist und Bildung, Du hast alles, was

Dich zu einer Zierde der menschlichen Gesellschaft machen könnte, dabei kenne ich Dein Gemüt und weiß, daß wenige besser sind; aber dennoch bist Du überlästig und unerträglich, und ich halte es für höchst beschwerlich mit Dir zu leben: alle Deine guten Eigenschaften werden durch Deine Superklugheit verdunkelt und für die Welt unbrauchbar gemacht, bloß weil Du die Wut, alles besser wissen zu wollen, überall Fehler zu finden außer in Dir selbst, überall bessern und meistern zu wollen, nicht beherrschen kannst. Damit erbitterst Du die Menschen um Dich her, niemand will sich auf eine so gewaltsame Weise bessern und erleuchten lassen, am wenigsten von einem so unbedeutenden Individuum, wie Du doch noch bist. Niemand kann es ertragen, von Dir, der sich doch auch so viele Blößen gibt, sich tadeln zu lassen, am wenigsten in Deiner absprechenden Manier, die im Orakelton gerade heraus sagt: so und so ist es, ohne weiter eine Einwendung nur zu vermuten. Wärst Du weniger als Du bist, so wärst Du nur lächerlich, so aber bist Du höchst ärgerlich ... Alles, was ich Dir schrieb, soll kein Vorwurf sein, nur ein Versuch, Dich Dir einmal zu zeigen, wie die Welt Dich sieht, wie ich, Deine Mutter, die Dir so manchen Beweis ihrer Liebe gab, Dich leider sehen muß, und nun ziehe daraus was für ein Resultat Du kannst. — — Ich würde Dich gleich herkommen lassen, aber teils weiß ich Dich jetzt nicht gut auf längere Zeit zu beherbergen, teils würde mich auch Deine Gegenwart und Dein ewiges Einreden hindern, ordentlich für Dich zu forschen und zu wählen, und mich bald ärgerlich, bald verwirrt machen, besonders wenn Deine edle bekannte Unentschlossenheit dazu käme, und überdies kann ich diesmal nicht dafür stehen, daß der Unwille über Dich, der doch bei Lesung Deines Briefes in mir aufwallte, nicht meiner Herr würde und es zu heftigen Auftritten käme, die wir beide besser tun zu vermeiden. Also ist's besser, Du bleibst noch dort und wartest ruhig meinen nächsten Brief ab, der Dir vielleicht schon etwas Entscheidendes bringt. Glaube mir, Du dauerst mich, ich weiß, Du bist nicht bösartig, und gelingt's mir nur einmal, Dir anschaulich zu machen, wie und wo Du fehlst, so bist Du geborgen." —

Für seinen weiteren Aufenthalt schlug die Mutter ihm Altenburg oder Weimar vor. Falls er Weimar wählen sollte, gab sie ihm genaue Anweisungen über ihr gegenseitiges Verhalten. Sie wünschte in der zwanglosen, friedlichen unabhängigen Ruhe zu bleiben, die sie erst jetzt recht eigentlich des Lebens froh werden ließ. Alle Mittag von 1 bis 3 Uhr wollte sie ihn zu Tische sehen, ebenfalls an ihren beiden Gesellschaftsabenden, im übrigen aber getrennt von ihm leben. „Ich will tun, was ich, ohne meine eigene Freiheit und Ruhe aufzuopfern, tun kann, um Dir Deinen Aufenthalt hier recht angenehm zu machen."

Arthur entschloß sich für Weimar, und Johanna ließ ihn gewähren. Wie sehr sie aber ein Zusammenleben mit ihm fürchtete, und wie groß ihr Wunsch war, die kaum erlangte Ruhe ihres Gemüts, die äußere Ruhe ihrer Häuslichkeit zu bewahren, zeigt der Brief, den sie ihm nach der Mitteilung seines Entschlusses schrieb:

„Nun zu Deinem Verhältnisse hier gegen mich, und da dünkt mir es am besten, ich sage Dir gleich ohne Umschweife, was ich wünsche und wie es mir ums Herz ist, damit wir einander gleich verstehen. Daß ich Dich recht lieb habe, daran zweifelst Du nicht, ich habe es Dir bewiesen, so lange ich lebe. Es ist zu meinem Glücke notwendig zu wissen, daß Du glücklich bist, aber nicht ein Zeuge davon zu sein. Ich habe Dir immer gesagt, es wäre sehr schwer mit Dir zu leben, und je näher ich Dich betrachte, desto mehr scheint diese Schwierigkeit, für mich wenigstens, zuzunehmen. Ich verhehle es Dir nicht, so lange Du bist, wie Du bist, würde ich jedes Opfer eher bringen, als mich dazu entschließen. Ich verkenne Dein Gutes nicht; auch liegt das, was mich von Dir zurückscheucht, nicht in Deinem Gemüt, nicht in Deinem innern, aber in Deinem äußern Wesen, Deinen Ansichten, Deinen Urteilen, Deinen Gewohnheiten — kurz, ich kann mit Dir in nichts, was die Außenwelt angeht, übereinstimmen. Auch Dein Mißmut ist mir drückend und verstimmt meinen heiteren Humor, ohne daß es Dir etwas hilft. Sieh, lieber Arthur, Du bist nur auf Tage bei mir zum Besuch gewesen, und jedesmal gab es heftige Szenen um nichts und wieder nichts, und jedesmal atmete ich erst frei, wenn Du weg warst, weil Deine Gegenwart, Deine Klagen über unvermeidliche Dinge, Deine finsteren Gesichter, Deine bizarren Urteile, die wie Orakelsprüche von Dir ausgesprochen wer=

---

[1]) Gwinner, S. 51, 52.

den, ohne daß man etwas dagegen einwenden dürfte, mich drückten, und mehr noch der ewige Kampf in meinem Innern, mit dem ich alles, was ich dagegen einwenden möchte, gewaltsam niederdrückte, um nur nicht zu neuem Streit Anlaß zu geben. Ich lebe jetzt sehr ruhig, seit Jahr und Tag habe ich keinen unangenehmen Augenblick gehabt, den ich dir nicht zu danken hätte. Ich bin still für mich, niemand widerspricht mir, ich widerspreche niemandem, kein lautes Wort hört man in meinem Haushalt, alles geht seinen einförmigen Gang, ich gehe den meinen, nirgends merkt man, wer befiehlt und wer gehorcht, jeder tut das Seine in Ruhe, und das Leben gleitet hin, ich weiß nicht wie. Dies ist mein eigentliches Dasein, und so muß es bleiben, wenn Dir die Ruhe und das Glück meiner noch übrigen Jahre lieb ist. Wenn Du älter wirst, lieber Arthur, und manches heller siehst, werden wir auch besser zusammen stimmen, und verlebe ich dann meine besten Tage in Deinem Hause mit Deinen Kindern, wie es sich für eine alte Großmutter gehört. Bis dahin laß uns streben, daß die tausend kleinen Neckereien nicht unsere Gemüter erbittern und die Liebe daraus verjagen. Dazu gehört, daß wir wenig miteinander sind; denn obgleich wir bei jedem wichtigen Anlaß bald eins sind, so sind wir bei jedem anderen desto uneiniger. Höre also, auf welchem Fuß ich mit Dir sein will. Du bist in Deinem Logis zu Hause; in meinem bist Du ein Gast, wie ich es etwa nach meiner Verheiratung im Hause meiner Eltern war, ein willkommener lieber Gast, der immer freundlich empfangen wird, sich aber in keine häusliche Einrichtung mischt. Um diese bekümmerst Du Dich gar nicht — — ich dulde keine Einrede, weil es mich verdrießlich macht und nichts hilft — — an meinen Gesellschaftstagen kannst Du abends bei mir essen, wenn Du Dich dabei des leidigen Disputierens, das mich auch verdrießlich macht, wie auch alles Lamentierens über die dumme Welt und das menschliche Elend enthalten willst, weil mir das immer eine schlechte Nacht und üble Träume macht und ich gerne gut schlafe."

Mit großem Eifer trieb Arthur in Weimar seine Studien, knüpfte fast gar keine Bekanntschaften an, sondern verkehrte nur mit einzelnen Männern, wie Passow[1]) und Fernow. Mit Goethe war er mehrmals im Hause seiner Mutter zusammen. Als er mit einundzwanzig Jahren großjährig geworden war und sein Abgang zur Universität bevorstand, lieferte ihm Johanna das väterliche Erbteil aus. Es war trotz verschiedener Verluste und des anspruchsvollen Lebens, das sie jederzeit geführt hatte, doch immer noch vollkommen ausreichend, um ihm für seine Person zeitlebens ein bequemes Auskommen zu sichern.

In dem Briefe Johannas, in dem sie mit dem Sohne abrechnet, steht sie auf dem Standpunkt der selbstverständlichen Unlösbarkeit ihres natürlichen Verhältnisses.

„Es ist Zeit, lieber Arthur, daß ich Dir von Deinem väterlichen Vermögen Rechenschaft ablege. Mir ist es leichter, dies schriftlich als mündlich zu tun, und Du

---

[1]) Franz Passow, 1786—1833 Philologe, später Professor in Breslau.

kannst es auch so besser übersehen und begreifen, was ich Dir zu sagen habe... Es kommt mir überaus wunderlich vor, so mit Dir zu rechnen: ist unser Interesse nicht eins? Unser gegenseitiges Verhältnis kann nichts zerreißen, die Natur band es zu fest; fehlt mir je etwas, zu wem kann ich aufsehen als zu Dir? Und brauchst Du die Mutter, so findest Du sie immer, wie bisher. Deshalb müssen wir aber doch alles verabreden. Aus Ganslandts (des Liquidators) Rechnung wirst Du sehen, wie wir stehen. Die Verwickelung, in der Dein Vater uns ließ, die traurigen Umstände bei seinem Tode, die uns zwangen, geheimnisvoll und leise zu handeln, und die nachherigen bösen Zeiten tragen die Schuld, daß wir nicht reicher sind; doch haben wir genug, um anständig zu leben und können wohl zufrieden sein. Du siehst auf der Rechnung, wir besitzen jetzt bar 109 875 Mark Banko — hiervon kommt Dir der dritte Teil."

Sie rundete unter Anrechnung seines Anteils am Mobiliarvermögen das auszuliefernde Erbteil auf 19 000 Taler ab. Später erbte Arthur noch von seinem Onkel Andreas. Er verfügte bereits als Student über eine Rente von mehr als 1000 Talern[1]).

---

[1]) Gwinner, S. 61.

Johanna Schopenhauers literarische Tätigkeit.

Durch den Aufenthalt in Weimar war Johannas Leben mit seinen geistigen Interessen ein völlig neues geworden. Während vorher die Sorge für Mann und Kinder und für das Wohl der Familie den Hauptinhalt ihres Denkens bildete, trat dieses jetzt zurück vor den persönlichen Anforderungen ihrer eigenen Natur. Mit Freuden kam sie ihnen nach und suchte sie zu befriedigen. Der Gestaltungsdrang, der von frühester Jugend, als er sich im Zeichnen und Malen aussprechen wollte, unterdrückt worden war, bedurfte nur eines geringen Anstoßes, um sich in ungeschwächter Kraft wieder zu melden. Mit der Feder gab Johanna ihm nunmehr Ausdruck. Ihre geistigen Kräfte arbeiteten unausgesetzt, um dieses schriftstellerische Können zu fördern. Alles, was ihr dazu helfen konnte, trat in den Vordergrund.

Ihre ersten kleinen Aufsätze hatte Johanna, der Anregung ihrer Freunde folgend, teils anonym, teils mit J. S. unterzeichnet, einzelnen Blättern übergeben, wie zum Beispiel Bertuchs Journal des Luxus und der Moden, dem Rheinischen Taschenbuch, der Urania. Die Biographie Ludwig Fernows, zu der sie von dem Buchhändler Cotta in Tübingen aufgefordert wurde, war ihr erstes größeres Werk. Sie hat darin dem hingeschiedenen Freund ein „würdiges Denkmal" gesetzt.

Wo neben den vorgefundenen Materialien, wie Tagebüchern und Briefen, eigene Erzählung der Verfasserin hinzutritt, geschieht dies „nach den Erinnerungen des persönlichen Verkehrs, schlicht und anspruchslos, im Tone treuer, herzlicher Freundschaft."[1])

Andere Werke folgten: Reisebeschreibungen in mehreren Bänden, kunsthistorische Schriften, darunter vor allem das zweibändige Werk „Johann van Eyk und seine Nachfolger" und eine größere Anzahl von Novellen und Romanen. Ihre sämtlichen Schriften wurden später von der Firma Brockhaus in Gemeinschaft mit J. D. Sauerländer in Frankfurt a. M. in einer Gesamtausgabe unter dem Titel: „Sämtliche Schriften von Johanna Schopenhauer (24 Bände 1830—1831) veröffentlicht.

In ihren Romanen stellte Johanna die Ansicht auf, daß ein Leben der Pflicht und nutzenbringenden Arbeit höher gilt, als ein Leben der Freude mit Vernachlässigung dieser ersten Bedingungen. Sie ließ die Leidenschaft nicht das erste Wort sprechen, sondern ordnete sie dem Verstande und dem Pflichtgefühl unter. Besonders stark ist diese Tendenz in ihrem dreibändigen Roman „Gabriele" vertreten. Dieser Roman machte sie zu einer der beliebtesten Schriftstellerinnen ihrer Zeit; er wurde von Goethe in „Kunst und Altertum" IV, 1 warm begrüßt.

„Gabriele," heißt es darin, „setzt ein reiches Leben voraus und zeigt große Reife einer daher gewonnenen

---

[1]) Schemann, Schopenhauer-Briefe, S. 414.

Bildung. Alles ist nach dem Wirklichen gezeichnet, doch kein Zug dem Ganzen fremd — — der Roman stellt (im Gegensatz zur Erziehung) das Unbedingte als das Interessanteste vor: gerade das grenzenlose Streben, was uns aus der menschlichen Gesellschaft, was uns aus der Welt treibt, unbedingte Leidenschaft; für die dann bei unübersteiglichen Hindernissen nur Befriedigung im Verzweifeln bleibt, Ruhe nur im Tod. Dieser eigentümliche Charakter des tragischen Romans ist der Verfasserin auf schlichtem Wege sehr wohl gelungen, sie hat mit einfachen Mitteln große Rührung hervorzubringen gewußt; wie sie denn auch, im Gang der Ereignisse, das natürlich Rührende aufzufassen weiß, das uns nicht schmerzlich und jammervoll, sondern durch überraschende Wahrheit der Zustände höchst anmutig ergreift.... Durchaus wohltätig ist die Freiheit des Gemüts, kraft welcher allein die wahre Rührung möglich wird. Daher denn auch die Fazilität der allgemeinen Anordnung, des inneren Ausdrucks, des äußeren Stils. Ein heiteres Behagen teilt sich dem Leser mit.... Keine Spur von Parteisinn, bösem Willen, Neckerei, vielmehr anmutiges Gefühl eines allgemeinen Wohlwollens; kein böses Prinzip, kein verhaßter Charakter, das Lobens- und Tadelnswerte mehr in seiner Erscheinung, in seinen Folgen, als durch Billigung oder Mißbilligkeit dargestellt. — Nichts Phantastisches, sogar das Imaginative schließt sich rationell ans Wirkliche. Das Problematische, ans Unwahrscheinliche grenzend, bevorwortet sich selbst und ist mit großer Klugheit behandelt."

Andere Romane, wie „Die Tante", „Sidonia" schlos=

sen sich an; sie brachten der Frauenwelt am Anfange des neunzehnten Jahrhunderts Anregung zur Vertiefung in ernste, gute Gedanken. Johanna hatte zahlreiche Nachahmer ihrer Auffassung, so daß diese sogenannten Entsagungsromane in den zwanziger und dreißiger Jahren des neunzehnten Jahrhunderts Deutschland überfluteten.

Selbst in Kreisen, die mit literarischer Kost verwöhnt und übersättigt waren, hatte Johanna mit ihrer Schriftstellerei Erfolg[1]). Aber mit der Zeit ihres Schaffens vergingen auch ihre Werke, ja noch zu ihren Lebzeiten mußte sie es hören, daß eine spottende Kritik sie die Ahnfrau der sozialen Entsagungsromane nannte, und daß selbst ihr von Goethe anerkannter Roman „Gabriele" sich den Beinamen eines „ununterbrochenen Opferfestes" gefallen lassen mußte.

Als Wichtigstes und Wertvollstes von ihren Werken sind ihre Reisebeschreibungen zu nennen, in denen sie mit offenem Blick Land und Leute betrachtet und mit gewandter Darstellung ihre Beobachtungen dem Leser mitteilt. Ihre letzte Arbeit war „Jugendleben und Wanderbilder". Sie begann sie im Alter von einundsiebzig Jahren und wollte darin die Geschichte ihres eigenen Lebens schreiben mit allen den Eindrücken, die sie von frühester Kindheit an empfangen hatte. Sie sind ein Fragment geblieben, weil der Tod dazwischen trat.

Aber trotzdem sie nur einen kleinen Teil dessen berichten, was die Verfasserin wollte, sind „Jugendleben

---

[1]) Gwinner.

und Wanderbilder" doch ein Sittengemälde geworden von hervorragendem Interesse für alle Zeit. Alle Erlebnisse aus den Tagen der Kindheit und Jugend Johanna Schopenhauers werfen ein helles Licht auf die damaligen Zustände ihrer Heimat Westpreußen und der anderen Gegenden, in die ihre erste Reise sie führte. Es reiht sich ein kulturhistorisches Bild an das andere, von dem Leben in einem Danziger Patrizierhause beginnend bis zu der Art, in Frankreich und England zu reisen. Jedes ist in seiner lebhaften Ausführlichkeit ein abgerundetes Ganze für sich. Und noch ein anderes Interesse wird in dem Leser hervorgerufen, ein tiefes persönliches Interesse für die Frau, die trotz aller schweren Schicksalsschläge sich dennoch die heitere Ruhe ihrer Seele bewahren konnte und die naive Freude an der Schönheit der Welt, die diese letzten Aufzeichnungen atmen.

„Da stehe ich nun," so schreibt die Einundsiebzigjährige in der Einleitung, „zwar etwas reisemüde, aber übrigens doch mit frischem Sinn und voll innerer Lebenskraft auf der Höhe der letzten Station vor dem Ziele. Ich blicke noch einmal hinab auf den zurückgelegten langen Weg, auf die lieblichen Täler, die ich durchwandelte, auf die steilen dornigen Felsenpfade, durch die ich mich winden mußte; zwar will ein wunderbar weiches, aus Freude und Leid zusammengesetztes Gefühl bei diesem Rückblicke sich meiner bemächtigen, doch bin ich im Ganzen wohl zufrieden, so weit gelangt zu sein."

Aus Johannas Darstellungsweise spricht Gutherzigkeit und freundliche Gesinnung. Überall findet man eine milde gerechte Beurteilung und das Bestreben, die Menschen und ihr Tun zu verstehen. Keine boshaften Klatschgeschichten gibt es da, von denen sie gewiß, wenn sie gewollt, hätte auftischen können. Sie waren ihr ein Greuel, und in einem Briefe an Holtei[1] nennt sie Riemer einen „heimtückischen Esel, weil er Klatsch, durch den die Welt weder klüger noch besser wird, habe mitdrucken lassen."

Johanna bekümmerte sich wenig um die Kritik. Als ihr im Jahre 1833 ihr Sohn von einer Besprechung ihrer neuesten Arbeit Mitteilung machte, antwortete sie ihm von Bonn aus: „Also ein Hallischer Ritter hat für mich eine Lanze gebrochen? Ich danke es ihm von Herzen, weiß aber sonst nichts weiter davon. Denn seit vier Jahren lese ich keine einzige Rezension; kein einziges Blatt der Art kommt über meine Schwelle: quand on le sait, c'est peu de chose, quand on ne le sait pas, ce n'est rien, und übrigens kann man doch durch dumme Rezensionen leicht sich irren lassen und seine Sachen schlechter machen, als ohne dem geschehen wäre. Das habe ich zu meinem Schaden damals erfahren. Meine Thermometer sind einstweilen die Verleger, und da steht es noch gut."

---

[1] Brief vom 24. Januar 1834.

Mutter und Sohn.

Arthur Schopenhauer.

Arthur Schopenhauer hatte im Herbst 1813 promoviert und die Universität Jena hatte ihm am 2. Oktober das Doktordiplom ausgestellt. Seine Arbeit hatte den Titel: „Philosophische Abhandlung über die vierfache Wurzel des Satzes vom zureichenden Grunde."

Man erzählt, daß Johanna, als er ihr ein Exemplar seiner Schrift überreichte, lächelnd gemeint habe, „Die vierfache Wurzel — das sei wohl etwas für Apotheker!" Er hatte ihr verletzt entgegnet, man werde seine Arbeiten noch lesen, wenn von ihren Schriften kaum mehr ein Exemplar in einer Rumpelkammer stecken werde. Seinem Spott war die schlagfertige Antwort der Mutter gefolgt: „Von den Deinigen wird die ganze Auflage noch zu haben sein."

Sie hatten beide recht.

Es kam eine Zeit, wo die Werke Arthur Schopenhauers eingestampft wurden und die seiner Mutter gesammelt, neu aufgelegt und viel gelesen; wo es nicht von ihm hieß „das ist der Verfasser des Werkes ,Die Welt als Wille und Vorstellung'" sondern „das ist der Sohn der berühmten Johanna Schopenhauer." Heutzutage sind die Werke Johannas fast vergessen, und die ihres Sohnes gehen in Volksausgaben durch die Welt.

Kurz vor Arthurs Heimkehr war Wieland gestorben;

er wäre vielleicht der erste gewesen, der Verständnis und neidlose Bewunderung für die Arbeit des jungen Philosophen gehabt hätte. Schon früher war er ihm näher getreten. Es war im Jahre 1811, als er Arthur, der während der Ferien in Weimar war, zu sich gebeten hatte. Wahrscheinlich geschah dies auf den Wunsch Johannas, die von einem Erfahrenen, Sachverständigen den Sohn noch einmal auf alle Seiten des neu erwählten Berufes wollte aufmerksam machen lassen. Wieland redete von dem Studium der Philosophie ab, es wäre das doch „kein solides Fach". „Das Leben," antwortete ihm Arthur, „ist eine mißliche Sache: ich habe mir vorgesetzt, es damit hinzubringen über dasselbe nachzudenken." Am Schluß ihrer Unterhaltung sagte Wieland herzlich: „Ja, es scheint mir jetzt selbst, Sie haben das Rechte gewählt, junger Mann; ich verstehe jetzt Ihre Natur, bleiben Sie bei der Philosophie[1]."

Wieland zögerte damals nicht, den Wechsel seiner Meinung und den Eindruck des Bedeutenden, den ihm Schopenhauer gemacht hatte, der Mutter zu übermitteln. Bei einer Cour, die bald darauf beim Herzoge stattfand, und bei der er auch mit Goethe und Johanna zugegen war, trat er auf diese beiden zu und sagte lebhaft: „Ich habe neulich eine höchst interessante Bekanntschaft gemacht, Madame Schopenhauer. Wissen Sie auch, mit wem? Mit Ihrem Sohn! Ah, es war mir sehr lieb, diesen jungen Mann kennen zu lernen, aus dem wird noch einmal etwas Großes werden."

---

[1] Gwinner, S. 68.

Nun war er gestorben und konnte sich nicht mehr an dem Erstlingswerk seines jungen Freundes erfreuen. Für diesen aber war sein Tod ein schwerer Verlust. Wie anders hätte sein Lebensweg werden können, wenn das Verständnis und die Anerkennung eines Wieland ihn auf der neuen Laufbahn begleitet hätten!

Arthur Schopenhauer fühlte sich im Hause der Mutter nicht mehr wohl. Verschiedene streitige Punkte hatten sich mit den Jahren vergrößert und zu mancher Verstimmung geführt, die sich bei Arthur in Rücksichtslosigkeit äußerte, während die Mutter zunächst noch mit gewandter Freundlichkeit versuchte, sich den behaglichen Zustand ihres Lebens, der sie so sehr beglückte, zu erhalten. Im Hause ihrer Eltern, wie ihres Mannes, waren nicht oft, aber dennoch von Zeit zu Zeit Ausbrüche jähzorniger Heftigkeit von seiten des Hausherrn vorgekommen. Wie sie als Kind sich davor gefürchtet und die Mutter in ihrer sanften Ruhe bewundert hatte, so war es auch ihr Streben gewesen, bei ihrem Manne solchen Szenen vorzubeugen. Die starke Furcht davor, zum mindesten ein stetes Aufmerken, ließ sie nicht los. Nun war sie frei davon. Kein heftiges Wort, keine laute Szene trübte die Ruhe ihres Hauses, wie die ihrer Seele. Sie freute sich dessen und lebte sich immer mehr ein mit ihren ästhetischen Bedürfnissen in diesen Zustand der Behaglichkeit und des Friedens. Weit ab von ihr, wie in der Kinderzeit, lagen die Kümmernisse des Tages.

Mit ihr zusammen lebte ihre Tochter Adele. Sie fügte sich vollständig in die Wünsche der Mutter und nahm ihr, als sie erwachsen war, die Sorgen des Haushalts ab. Bis zu Johannas Tode blieb sie ihre treue Begleiterin und Pflegerin. Sie vermochte es auch, mit vielem fertig zu werden, was ihr, namentlich in späteren Jahren, im Hause der Mutter nicht recht gefallen wollte. Ihre vielseitigen Talente fanden von Kindheit an die reichste Nahrung. Aber alle ihre geistigen Vorzüge wurden überstrahlt von einem edlen Charakter, der ihr allgemeine Liebe erwarb.

Schon von Hamburg aus hatte Arthur Schopenhauer oft seine Mutter ermahnt, nicht so viel auszugeben, sondern sparsamer zu leben. Wenigstens findet sich in Johannas Briefen immer wieder die Zusicherung, daß ihr Lebenszuschnitt trotz der lebhaften Geselligkeit gar nicht kostspielig sei. Wie es sich später erwies, hatte der Sohn mit seiner Befürchtung doch recht gehabt[1]). Die seit ihrer Verheiratung an ein großes Leben gewöhnte Frau verstand es nicht, sich in die veränderten Verhältnisse hineinzufinden, die durch den Tod ihres Mannes und den schnellen Verkauf der Handlung entstanden waren. Sie lebte als „reiche Witwe", wie sie Anselm von Feuerbach noch 1815 mit Frau von Goethe in Karlsbad in vornehmer Gesellschaft kennen lernte, und trieb mit mancherlei Dingen, wie Kunstsachen, Toilette und Badereisen Luxus. Trotzdem hatte, wie schon berichtet, Arthur nicht darunter zu leiden gehabt; für ihn blieb immer noch genug übrig, um ihm ein sorgenfreies Leben zu gewähren.

---

[1]) Gwinner.

Eine andere ständige Befürchtung des Sohnes war, daß die Mutter sich zum zweitenmal verheiraten könne. Schon im Jahre 1807 mußte sich Johanna dem damals neunzehnjährigen Sohne gegenüber rechtfertigen. Sie schreibt ihm, daß ihre Unabhängigkeit ihr viel zu lieb sei, als daß sie sie aufgeben möchte, und erzählt ihm, daß Fernow nicht mehr jung und längst verheiratet sei, außerdem auch noch schwer leidend. „An Anbetern fehlt es mir nicht," fährt sie fort; „aber laß Dir nicht bange werden, ein, wie ich glaube, reicher Frankfurter Kaufmann, der sich einer Erbschaft wegen einige Wochen hier aufhielt, hat sehr ernstlich um meine Hand geworben, ich habe ihn aber ebenso ernstlich nach Hause geschickt."

Auch der jüngere Bruder von Frau Charlotte von Stein, der Kammerherr Louis von Schardt, interessierte sich im Frühjahr 1807 für Johanna und fand, daß sie trotz ihrer bürgerlichen Herkunft würdig sei, seine Gattin zu werden[1]). Ihre Mitteilungen an den Sohn lassen erkennen, wieviel Vergnügen er ihr und ihrem ganzen Kreise gemacht hat.

„Dann ist hier auch ein Kammerherr der Großfürstin," schreibt sie, „der mich gern in den Adelstand erheben möchte, ein alberner Tölpel, der aber eine geistreiche Frau gehabt hat und gern wieder eine hätte, der mich unverhohlen veneriert, alle Welt weiß es, aber abweisen kann ich ihn noch nicht, weil er aller Welt, nur mir nicht seine Absichten erklärt. Dieser macht uns allen großen Spaß mit seiner prächtigen Uniform, seinem

---

[1]) W. Bode, Ch. v. Stein, S. 517.

hohen Federbusch und seinem goldenen Schlüssel. Am Freitag, (den 20. März 1807) hatte er mich und meinen ganzen Zirkel zu sich gebeten; die Bardua, seine Vertraute, mußte ihm eine Liste davon machen. Wir kamen auch alle, selbst Goethe. Ich machte den Tee, und er spielte die Harmonika dazu. Was das gottlose Volk für eine Lust dabei hatte, kannst Du Dir denken; indessen er war seelenvergnügt und ließ sich nichts anfechten. Solche kleinen Coteriespäße giebt es denn auch, und sie beleben das Ganze."

Auch über andere Freunde mußte Johanna ihm Auskunft geben; er war jederzeit gut unterrichtet über ihr Leben und ihren Verkehr. Als er dann 1813 nach Weimar kam, fand er dort bei seiner Mutter den Regierungsrat Müller von Gerstenbergk wohnend, und der Eindruck, den er von ihm und von seiner Stellung zu Johanna erhielt, war so ungünstig, „daß die auf sein späteres Leben einen so langen düsteren Schatten werfende Entzweiung mit der Mutter damals zuerst unausrottbare Wurzeln schlug. Er warf ihr vor, das Andenken seines Vater nicht geehrt zu haben, glaubte auch, da sie diesen nicht geliebt habe, nicht an ihre über den Instinkt in die Jahre seiner Selbständigkeit hinausreichende Mutterliebe." Auch fürchtete er, daß eine zweite Heirat den Verbrauch des Vermögens beschleunigen könne."[1])

Gerstenbergk hat im Leben Johanna Schopenhauers und ihrer Kinder eine verhängnisvolle Rolle gespielt.

---

[1]) Gwinner, S. 92.

Zu Ronneburg in Sachsen-Altenburg 1780 als Sohn des Justizrats Müller geboren, wurde er nach dem Tode des Vaters von dem Bruder seiner Mutter adoptiert und erhielt auch dessen Namen: von Gerstenbergk. Nachdem er zuerst Advokat und dann Stadtsyndikus in Ronneburg gewesen war, trat er 1810 als Regierungsassessor in weimarische Dienste. In dem Hause Johanna Schopenhauers fand er 1813 die ihm zusagende Wohnung und vereinbarte mit ihr, daß er seine Mahlzeiten an dem Familientische einnehmen dürfe. Johanna stand damals im Alter von 47 Jahren, war also 14 Jahre älter als Gerstenbergk. Während Gwinner von ihr sagt (S. 94), daß „die große Wirtschaft der damals bereits siebenundvierzigjährigen Frau beschwerlich wurde", nennt Brahn[1]) sie eine „junge" Witwe.

Aus jener Zeit gibt es ein großes, schönes Bild von Müller von Gerstenbergk. Es befindet sich im Besitz seiner Tochter, der Ordensdame Jenny von Gerstenbergk-Kösen und trägt auf der Rückseite folgenden, von der Hand Gerstenbergks herrührenden Hinweis:

„Dem besten Vater der genesende Sohn" — am 14ten Januar 1810.

Wenn man dieses Bild, dessen Photographie Fräulein von Gerstenbergk freundlichst zur Verfügung gestellt hat, betrachtet, so wird man zunächst gefesselt sein von der eigenartigen Schönheit dieses Mannes. Die großen, klugen, verträumten Augen gehören einem Dichter, dessen Gedanken in der Welt der Ideale weilen.

---

[1]) Brahn, Schopenhauer-Briefe, S. 342.

Ein poetischer Hauch scheint über dem Antlitz zu liegen; aber er vergeht, wenn unser Blick den eigenwilligen trotzigen Mund trifft, der keine Rücksicht zu kennen scheint, als nur die Rücksicht auf sich selbst und den eigenen Willen. Dieser Widerspruch in den Zügen des Gesichts erklärt vielleicht die einander so oft widersprechenden Urteile über Müller von Gerstenbergk und zeigt, daß dieser Mann mehr noch als andere Menschen und auch mehr noch als es im Wesen jener Zeit lag, unter dem Zwange seiner Doppelnatur stand. Adele, die sich in ihren Briefen und Tagebuchblättern so oft gegen ihn wendet, weiß ebenso auch viel Liebes über ihn zu sagen.

Als zum Beispiel ihr Vermögen später in Danzig verloren zu gehen droht, ist es Gerstenbergk, der sofort Geldhilfe anbietet. „Ich kann nicht Almosen von einem Manne nehmen, den ich nicht liebe[1]," schreibt aber Adele am 21. Juli 1819 an Ottilie; „.... ich will nicht das drückende Gefühl einer nie zu erstattenden Güte tragen; Gerstenbergk ist jung, er steht sich gut, er kann heiraten — nehme ich's an, daß er seinen Bedienten wegschickt, seine Pferde verkauft, uns alles gibt, so stehle ich ihm die letzten Jugendjahre." Ebenso trägt auch Gerstenbergk für die Vermietung des Hauses und Gartens in Weimar Sorge, während die beiden Frauen noch in Danzig sind. Und auf der Reise, die die beiden Frauen mit ihm gemeinsam 1818 machen, sagt Adele von ihm, er habe viele Freunde in Mannheim getroffen:

---

[1] Publikation 1913 der Goethe-Gesellschaft.

„Er ist natürlich, angenehm, freundlich, wie in alter guter Zeit, als wir ihn kennen lernten."

Zweifellos ist Gerstenbergk ein geistig hochbedeutender Mann gewesen mit einer großen dichterischen Begabung[1]). Damals zugleich mit einer starken Sehnsucht im Herzen. Er suchte Verständnis für seine Dichtungen und fand dies in Adele; sie sei die einzige, die seine Dichtkunst fasse".[2]) Und er suchte die ihm bestimmte Doppelseele, glaubte, sie ebenfalls in Adele gefunden zu haben, und zögerte doch unwillkürlich im rechten Augenblick mit der Entscheidung. Adele fühlte das selbstverständlich, und so wie er, schwankte auch sie. Nur daß ihr leidenschaftliches Temperament immer von einem Manne zum anderen irrte, sie häufig in die größte Verwirrung brachte und ihr die Klarheit über ihre Gefühle nahm. So schreibt sie noch 1830 an Ottilie[3]): „Ich werde beglücken! Welchen entscheidet Gott."

Ein kleines Gedicht von Gerstenbergk, das sich in seinem Nachlaß gefunden hat, zeigt die warme Innigkeit seines Gefühls, das ernste Streben nach dem Guten.

> Frag alle Betrübte
> Mit freundlichem Blick,
> Um was sie gekommen?
> Was ihnen genommen

---

[1]) Er ist der Verfasser der Phalänen und der Kaledonischen Erzählungen.

[2]) Brief von Adele, Oktober 1816, Goethe-Gesellschaft, Publikation 1913.

[3]) Goethe-Gesellschaft, Publikation 1913.

Das düstre Geschick?
Es sei Dir Gelübde —
Frag alle Betrübte. —

Tröst alle Betrübte
Mit freundlichem Wort!
Nicht kalt laß sie stehen,
Nicht harrend vergehen,
Werd Stütze und Hort
Für alle Betrübte —
Das sei Dein Gelübde. —

Reich allen Betrübten
Die helfende Hand. —
Du mußt Dich erbarmen
Und retten die Armen
Dir menschlich verwandte;
Gehaßten, Geliebten —
Hilf allen Betrübten.

Frag alle Betrübte
Als Wanderer hier;
Dann fragt der oben
Bist einst Du dort droben
Auch gütig nach Dir.
Halt treu Dein Gelübde —
Frag alle Betrübte.

1829. v. G.

— — — — — — — —

Wie es Johanna mit Goethe, Fernow, Kügelgen, Holtei und vielen anderen ihr sympathischen Männern ergangen war, so trat sie auch bald mit Gerstenbergk in ein nahes, vertrauliches Verhältnis. Die genaueren Nachrichten darüber fehlen fast ganz; aber es ist bekannt, wie der Sohn darüber dachte und urteilte. In dem Lebenslauf, den er der Philosophischen Fakultät der Universität Berlin einreichte, schreibt er:

„Ich ging (1813) weiter nach Weimar. Hier aber, wo ich in der Wohnung meiner Mutter abgestiegen war, mißfielen mir gewisse häusliche Verhältnisse so sehr, daß ich, einen anderen Zufluchtsort suchend, mich nach Rudolstadt zurückzog, wo ich im Gasthause, als dem in jenen unruhvollen Zeiten für einen heimatlosen Menschen passendsten und eigens angemessenen Aufenthaltsort den übrigen Teil des Jahres verlebte."

Im Januar des folgenden Jahres, 1814, kehrte Schopenhauer nach Weimar zurück. Er brachte seinen Freund Joseph Gans mit, sorgte für diesen mit Kleidern, Büchern und Taschengeld und wohnte auch mit ihm bei seiner Mutter gegen Zahlung einer Pension. An den Mahlzeiten der Familie nahmen sie selbstverständlich teil; wie schon erwähnt, war auch Müller von Gerstenbergk dabei.

Es war ein ernster, wohlüberlegter Versuch von Johanna, sich den Sohn zu erhalten oder wiederzugewinnen — er mißglückte vollständig. Die Verschiedenartigkeit der Tischgäste, Arthurs schroffes, anmaßendes Benehmen ließ keine harmonische Stimmung aufkommen. Aber auch heftige Auftritte zwischen Gerstenbergk und Schopenhauer kamen vor, und ihnen folgten noch heftigere zwischen Mutter und Sohn. Arthur ließ sich nicht von der Meinung abbringen, daß Johanna in einem unerlaubten Verhältnis zu Gerstenbergk stände. Er warf ihr das vor und verlangte die Entfernung des Hausfreundes. Eine tiefe Bitterkeit bemächtigte sich immer mehr ihrer Herzen und verhinderte jedes Verständnis. Da entschloß sich Johanna, Arthur zu schreiben, daß ihr die große Wirtschaft beschwerlich falle, daß ihr besonders Gans zu viel sei und sie ihm daher die Pension kündige, bei der sie auch ihre Rechnung nicht gefunden habe. „Seit unserer letzten verdrießlichen Unterredung," schrieb sie, „habe ich mir fest vorgenommen, lieber Arthur, nie wieder von Geschäften mündlich mit Dir zu sprechen, weder von angenehmen noch unangenehmen, weil meine Gesundheit dabei leidet; darum schreibe ich, so wenig ich sonst das Schreiben unter Leuten leiden kann, die einander alle Tage sehen."

Schopenhauer war über diese Kündigung sehr gekränkt und verlangte die sofortige Erhöhung der für ihn und seinen Freund gezahlten Beträge. Darauf erwiderte die Mutter in einem längeren Briefe; aus den vielen Vorwürfen, die sie ihm darin machte, erkennt man, wie unbehaglich ihr das eigene Haus geworden war, und daß sie eine Änderung treffen mußte, wollte sie fernerhin noch die Herrin ihres Hauses bleiben und Ruhe und Frieden darin haben. Vielleicht hätte ein Vater oder auch eine andere Mutter durch eine stärkere Autorität dem Sohne besser begegnen und ein leidliches Verhältnis erzwingen können; in Johannas Macht lag das nicht. Sie schrieb ihm:

„Die Einquartierung und mancherlei andere Hindernisse hielten mich ab, Dir gestern zu antworten, wie ich mir doch fest vorgenommen hatte. Heute will ich es in möglichster Kürze der Reihe nach tun.... An die Erhöhung Deiner Pension gehe ich ungern. Wie froh wäre ich, wenn ich Dich und Deinen Freund als meine Gäste betrachten könnte ohne alle Entschädigung! Ich sehe indeß, es ist Dir ganz ein Ernst, daß ich keinen Schaden durch Euch leiden soll, und ich will auch nicht eigensinnig oder albern generös erscheinen. Willst Du mir also für Gans soviel geben als für Dich, da er nicht weniger braucht, so denke ich jetzt, da manche Ausgabe wegfällt, oder doch geringer wird, auszukommen, genau läßt sich dergleichen nie berechnen.... Mit Thränen bat ich Dich, bei mir zu wohnen, das ist wahr; ich wollte nicht im Zorn von Dir mich trennen. Dann wollte ich auch, daß Du meine Lebensweise näher und länger ansehen solltest, damit Du keine falsche Idee davon mit Dir nähmst. Ich dachte auch, es würde Dir gut sein, wieder einmal in einer Familie zu leben. Jetzt weise ich Dir nicht die Thüre; nie kann mir solch ein Gedanke kommen, Du müßtest mich denn aufs heftigste erzürnen. Ich schrieb Dir aus keinen anderen Gründen, als die ich Dir meldete.... Ich halte es nicht für gut, daß eine Mutter mit ihrem erwachsenen unabhängigen Sohne in einem Hausstande lebt; es kommt für beide nie etwas Gutes dabei heraus. Dagegen, wenn der Sohn im Orte lebt, ist ein Besuch für beide eine Freude und Erholung."

Sie schlägt ihm vor, wenn er zum Sommer in einen anderen Ort gehen will, bis Mitte oder Ende Mai noch bei ihr zu bleiben, „denn ich würde Dich ungern auf vierzehn Tage oder drei Wochen ohne Not in einen Gasthof oder anderes Logis ziehen lassen. Auf mehrere Monate wär' es ein anderes. Die Gründe warum, habe ich Dir geschrieben, wenn auch der, daß es mir zu viel kostet, jetzt wegfällt, so bleiben doch die anderen; genug, ich wünsche, daß Du nicht für wenige Wochen Dir die Last und mir das Mißvergnügen machtest auszuziehen."

„Da mein Quartier mir, wenn Du nicht bei mir wohnst, zu groß ist," fährt sie fort, „so will Müller mir die Last der Miete dadurch erleichtern, daß er mir die Hinterstuben abmietet und sein Quartier vermietet. Dies Quartier enthält fünf Stuben und ist nicht wohlfeil. Es ist uns auch nicht gleich, wer darin wohnt: eine Familie mit Kindern möchte ich ungern darin wissen.....

Müller verdrängt Dich nicht, er weiß nichts von dem, was wir jetzt miteinander verhandeln; denn es ist meine Art, nie von dem, was ich thue oder lasse ohne Noth zu sprechen. Ich spreche überhaupt fast nie von Dir mit ihm, obgleich er nie sich so über Dich ausdrückt, daß Du es nicht selbst anhören könntest, weil er weiß, es würde mir weh thun, wenn er es thäte... Von jenen unangenehmen Vorfällen zwischen Dir und Müllern haben wir so viel gesprochen, daß es endlich genug sein könnte. Ich war damals mit Dir nicht zufrieden, mit ihm aber auch nicht, ich sagte es ihm, wie Dir, er erkannte sein Unrecht, in meiner Gegenwart sich so vergessen zu haben, bat mich um Verzeihung und die Sache war zwischen mir und meinem Freunde abgethan. Er war fest entschlossen, nie wieder in den gleichen Fehler zu fallen; aber es ging nicht: Ihr seid ein paar einander so entgegengesetzte Elemente, daß es knallen und brausen muß, wenn Ihr zusammenkommt, ohne daß jeder an sich deshalb schlechter wäre. Das sah ich deutlich, Ihr könnt nicht nebeneinander existieren, daher traf ich die Einrichtung, nach welcher wir jetzt ganz friedlich leben und uns wohl dabei befinden. Müller hat jetzt keinen Grund, Dich fern zu wünschen. Er haßt Dich nicht, wie Du ihn, er ist darin gerechter als Du. Das Alleinessen Mittags ist ihm recht, da er jetzt viel zu thun hat, und es ist möglich, daß diese Einrichtung bleibt, selbst wenn Du fort bist; im Übrigen genierst Du ihn gar nicht. Dein Treiben und Wesen gefällt mir freilich nicht immer und ganz. Du scheinst mir zu absprechend, zu verachtend gegen die, die nicht sind, wie Du, zu aburteilend ohne Not und predigst mir zuweilen zu viel. Deshalb aber wünsche ich nicht, daß Du ein tüchtiger Husar wärst, wenn auch Deine Weise zu sehen und Dein Eifer, anderen diese Ansicht aufdrängen zu wollen, mir nicht gefällt. Ich weiß, dies ist die jetzige Art der jungen Welt, ich ertrage sie und denke, die junge Welt wird auch einst alt.

Besonders aber verdrießt es mich, wenn Du auf die schimpfst, die, ergriffen von der großen Zeit, in der wir leben, das Schwert zur Hand nehmen, selbst wenn die Natur sie nicht dazu bestimmte. Du solltest anderen ihre Weise lassen, wie man Dir die Deine läßt, denke ich! Gans ist dann froh, seine angeborene Feigheit hinter Dir zu verbergen und pappelt Dir nach, ohne

Deinen Geist zu haben. Das ist garnicht erfreulich zu hören; lieb wär's mir, wenn Du solche Unterhaltung in Zukunft vermiedest.

Warum unser Familienband Dir zerrissen scheint, begreife ich nicht. Laß nur Gelegenheiten zur Teilnahme kommen, Du wirst sie bei mir und Adelen nicht vermissen. Schon unsere Bereitwilligkeit Deinen israelitischen Freund aufzunehmen, sollte Dir ein Beweis davon sein. Wollte ich Dir meinen Freund opfern, weil ihr euch nicht miteinander vertragt, so täte ich Unrecht an ihm und mir. Du hast mir oft bei anderen Gelegenheiten mit Recht gesagt: wir beide sind zwei — und so muß es auch sein. Genug, ich habe dafür gesorgt, daß ihr einander wenigstens nie in den Weg treten könnt; da ich die Unmöglichkeit einsehe, daß ihr euch je erkennen könntet. Ich aber kenne euch beide, jeder ist mir lieb nach seiner Art und keiner tut dem anderen bei mir Eintrag, keinen werde ich dem anderen opfern. Da ich aus Gründen, die ich einsah, eh' ich Müllern kannte, weiß, daß wir beide nie in einem Haushalt auf die Dauer leben können, da ich weiß, daß Du selbst dies nie wünschtest, warum soll ich mich von einem Freunde losreißen, der mir treu ist und helfend, so wie's nottut, der mir meine Existenz angenehmer macht und den ich und viele achtungswerte Menschen für gut und rechtlich anerkennen? Bloß weil er sich, hingerissen von Zorn, Empfindlichkeit und Hitze unartig gegen Dich betrug, der auch nicht artig war? Besonders da ich die natürliche Antipathie zwischen euch anerkenne, für welche ihr beide nicht könnt, da wäre ich sehr ungerecht gegen mich und ihn. Laß ihn nur immer, wo er ist, er tut Dir keinen Eintrag. Sei mild, gut, teilnehmend gegen mich und Adelen, sitze nicht immer auf dem Richterstuhl uns gegenüber und Du wirst sehen, ob wir Dich lieben. Antworte mir nicht, es ist unnötig. Wenn Du Deine Abreise bestimmt hast, so sag' es mir, doch das eilt nicht, ich brauch' es nicht lange vorher zu wissen."

So war das Verhältnis zwischen Mutter und Sohn unhaltbar geworden. Ihr auf den entgegengesetztesten Werten beruhender Stolz konnte sich nicht zusammenfinden. Was der Mutter lieb und wert war, forderte den Spott des Sohnes heraus; und ihre Eigenart, die trotz aller freundlichen Reden ebenso unverrückbar fest stand, vermochte nicht, sich mit der seinigen zu verstehen. Arthur Schopenhauer hielt sich für zu gut, um Theetischreden für eine berechtigte Konkurrenz mit seiner Geistesart gelten zu lassen, und nur wenn Goethe den Salon betrat, war er ganz Auge und Ohr.

Arthur Schopenhauer muß sehr unliebenswürdig gewesen sein. Die ganze schöngeistige Gesellschaft Johannas empfand es höchst unliebsam, wenn er mit seinen abfälligen Bemerkungen ihre idealistischen Ansichten kreuzte und ihnen einen Spiegel vorhielt, der ihre Bestrebungen in anderem Lichte zeigte. Von seiner Mutter verlangte er jederzeit die Erfüllung ihrer Mutterpflicht und machte ihr Vorwürfe, daß sie dies nicht mit voller Hingabe und Herzensinnigkeit tat. Aber er stellte für sich nie die Sohnespflicht auf, sondern trat ihr, anstatt mit dankbarer Kindesliebe und Rücksicht, überall mit Mißtrauen und Rücksichtslosigkeit entgegen.

Weite Kreise seiner Zeitgenossen haben ihm die Schuld an dem Zerwürfnis zugeschrieben; das geht zum Beispiel aus einem Briefe des späteren Danteforschers Karl Witte an seine Mutter hervor, den er im Alter von achtzehn Jahren, am 19. Februar 1819, ihr aus Rom schrieb. „Hier bestehen," heißt es da von Schopenhauer, „viele Vorurteile gegen ihn, namentlich in Bezug auf das Verhältnis zu seiner Mutter."

Der Sohn hat unter dieser wachsenden Entfremdung schwer gelitten, schwerer als Johanna. Sein Herz war soviel jünger und eindrucksfähiger. Ein großes Fremdlingsgefühl, ein unsägliches Heimweh, das er in die Welt mitgebracht hatte, beklemmte ihm von Jahr zu Jahr mehr die Brust. Das Schicksal ließ ihn die tiefe unerschütterliche Überzeugung durch sein Leben tragen, daß ihn Sternenweiten von denen trennten, mit denen er leben, die er lieben sollte. Er ist einsam geblieben sein Leben lang.

Im Mai 1814 verließ er das Haus der Mutter. Auf ihren Scheidebrief hatte er die Worte des Livius geschrieben: „Veritatem laborare nimis saepe ajunt extingui nunquam (die Wahrheit, sagt man, habe oft einen schweren Stand, vernichtet werden könne sie nie) und das Horazische Turpe putant parere minoribus (für schimpflich halten sie's, den Jüngeren zu gehorchen)."

Von da sind beider Wege nicht mehr zusammengetroffen. Gesehen haben sie einander, soweit bekannt ist, vom Mai 1814 bis zu dem am 16. April 1838 erfolgten Tode der Mutter nicht wieder.

Aus der Zeit 1827—1828 erzählt Karl von Holtei, der damals häufiger Gast Johanna Schopenhauers war, daß sie ängstlich vermied, von dem Sohne zu reden oder „ihn erwähnen zu hören; und wurde zufällig, aus Versehen, sein Name genannt, dann schwieg sie, sichtbar verstimmt, sie, deren umgängliche, nachsichtige Heiterkeit sich sonst niemals veränderte."[1]

Einen wehmütigen Rückblick auf diese lange Zeit der Entfremdung enthält der Brief von Schopenhauers vertrautem Freunde Heinrich von Lowtzow an ihn vom 29. Juni 1838[2]): „Die Nachricht von dem Tode Ihrer Mutter muß in Ihnen ein sonderbares Gefühl hervorgebracht haben. Wie Leute, denen ein Glied amputiert ist, nachher in Erneuerung des alten Schmerzes es empfinden können, als wenn es noch einen Teil ihres Leibes ausmachte. Ich hatte mir das viel schöner ausgedacht. Ihre Mutter würde Ihren anfangenden Ruhm erleben und so würden sich alte Bande wieder erneuern. Das hat nicht sein sollen."

Wenn man nach den tiefen Gründen fragt für das schroffe Auftreten Arthurs seiner Mutter gegenüber, so wird man diese vielleicht in seiner großen Sehnsucht nach Verständnis und Mutterliebe finden können; in der Eifersucht, daß andere ihr näher standen als er, daß sie andere mehr liebte als ihn. Wer in einsame Kinderherzen hineingeschaut hat und gesehen hat, wie sie sich oft diese Liebe ertrotzen wollen, wird diese An=

---

[1]) E. Grisebach, S. 101, 102.
[2]) Gwinner, S. 93.

nahme naheliegend finden. Schopenhauer wollte wohl jederzeit, schon in Hamburg und Gotha, in seiner Mutter Herzen der erste sein. Daß er sich diese Stellung, die er durch vertrauende Kindesliebe sich wohl errungen hätte, nicht erzwingen konnte, daß er sich vielmehr mit seinen anmaßenden Schroffheiten von ihr zurückgeschoben und abgewehrt sah, und dagegen nichts tun konnte, machte ihn immer härter und schroffer gegen die Mutter, bis sich daraus Verachtung und Haß entwickelte.

Aber auch ein anderer Grund als die Sehnsucht nach Mutterliebe wäre möglich. Es war im Jahre 1852, als Dr. Julius Frauenstädt bei der Rezension eines Buches[1]) (das von Ludwig von Feuerbach herausgegeben war), darin eine Äußerung über Johanna Schopenhauer fand, die er sofort dem Sohne mitteilte. Der ältere Feuerbach hatte Johanna 1815 in Karlsbad kennen gelernt und schreibt: „Hofrätin Schopenhauer, eine reiche Wittwe. Macht von der Gelehrsamkeit Profession. Schriftstellerin. Schwatzt viel und gut, verständig. Ohne Gemüt und Seele. Selbstgefällig, nach Beifall haschend und stets sich selbst belächelnd. Behüte uns Gott vor Weibern, deren Geist zu lauterem Verstande aufgeschoßt ist. Der Sitz schöner weiblicher Bildung ist allein in des Weibes Herzen. Das Gänschen, ihre Tochter: ‚Ich habe für Blumenmalerei das vorzüglichste Talent.‘ ‚Ich falle ganz aus der Gnade.‘"

---

[1]) Anselm Ritter von Feuerbachs, weiland, königl. bairischen wirklichen Staatsrats und Appellationsgerichtspräsidenten Leben und Wirken.

Schopenhauer antwortete auf diese Zusendung am 12. Juli 1852: „Danke Ihnen für Mitteilung der Stelle im Feuerbach, die mir sonst wohl nie zu Gesicht gekommen wäre. Die Charakteristik ist nur gar zu treffend. Habe, Gott verzeih mirs, lachen müssen." Dann nimmt er die Schwester in Schutz.

Vierzehn Jahre waren damals nach Johannas Tod vergangen, und der Tod pflegt manche Schuld auszulöschen. Arthur Schopenhauer aber hatte kein Verständnis für die besondere Eigenart seiner Mutter gefunden. Er konnte lachen über die abfällige Kritik eines Fremden über die Mutter, die ihm viel mehr Liebe gegeben hatte, als er ihr jemals vergolten. Dieser Tatsache gegenüber muß man die Frage erwägen, ob überhaupt das Bedürfnis nach Liebe die unterste Triebkraft in ihm bei seinem unglücklichen Verhältnis zu seiner Mutter gewesen ist, oder ob es sich vielleicht bloß um ihre Niederbeugung unter seine tyrannischen Ansichten und Wünsche handelte. Dann wäre es mehr eine Forderung seines Ehrgeizes gewesen, als eine Forderung seines Gemüts.

Man hat Johanna Schopenhauer auch den Vorwurf gemacht, daß sie in dem letzten Jahrzehnt ihres Lebens, als sich ein brieflicher Verkehr zwischen ihr und ihrem Sohne wieder angebahnt hatte, nicht ihren Sohn als den ersten in ihrem Herzen bezeichnet, sondern andere, alte Freunde, wie Holtei und Gerstenbergk. Darauf läßt sich nur erwidern, daß es doch nicht in Menschenmacht steht, so tief empfundene Kränkungen, die jahrelange innere Kämpfe und Konflikte mit sich brachten, auf einmal, auf einen Brief hin zu vergessen und die verdrängten Gefühle in alter Kraft wieder aufleben zu lassen. Das konnte Johanna nicht, aber sie kam ihrem Sohne ohne jeden Groll und ohne Bitterkeit freundlich entgegen.

Was nun Schopenhauers geistige Entwicklung angeht, so hat man gemeint und mit scheinbarer Berechtigung, daß das schlechte Verhältnis, in dem er zu seiner Mutter stand, seine pessimistische Weltanschauung erweckt oder doch wenigstens stark gefördert habe. Dazu sagt Frauenstädt, daß er das auch geglaubt habe. Als er aber einmal Schopenhauer darüber befragt habe, ob er in jungen Jahren zu viel gelitten habe und daraus sein Pessimismus zu erklären sei, habe dieser ihm erwidert: „Gar nicht, sondern ich war als Jüngling immer sehr melancholisch und einmal, ich mochte ungefähr achtzehn Jahre alt sein, dachte ich, noch so jung, bei mir: Diese Welt soll ein Gott gemacht haben? Nein, eher ein Teufel. — Ich habe freilich schon viel in der Erziehung, durch die Härte meines Vaters, zu leiden gehabt." — Hier spricht er also direkt von der Härte des Vaters und nichts gegen die Mutter.

Ebenso hat Schopenhauer auch die Äußerung Johannas über die vierfache Wurzel — „das sei wohl etwas für Apotheker", dem Frauenstädt mitgeteilt. Einige seiner Biographen geben ihm recht, daß diese Bemerkung außerordentlich beleidigend für ihn gewesen ist und machen es Johanna zum Vorwurf, daß sie ihren Sohn nicht verstand und nicht anerkannte, wie er's verdiente: „Von seiner geistigen Größe hat sie nie eine Ahnung gehabt", sagt Grisebach. Aber er übersieht dabei, daß auch andere, Klügere, die Männer der Wissenschaft, der Schopenhauer diente, damals keine Ahnung von seiner geistigen Größe hatten. Vielleicht hätte Johanna als Mutter das eigentümliche Wesen und das schroffe Benehmen ihres Sohnes verstehen müssen — das Verständnis seines intellektuellen Wertes erforderte andere Fähigkeiten, als die Mutterliebe, und so kann sie der Vorwurf, daß sie seine wissenschaftlichen Arbeiten nicht verstand, nicht treffen.

Müller von Gerstenbergk.

Müller von Gerstenberg.

Eine andere Frage ist es, ob Johanna den schweren Vorwurf des Sohnes verdient hat, daß ihr Verhältnis zu Gerstenbergk ein unerlaubtes war. Liegt nach dem, was man authentisch weiß, eine Gewißheit oder auch nur eine Wahrscheinlichkeit vor, auf Grund deren man Johanna verurteilen darf?

In den vielen Quellen, die ich benutzt habe, gibt es keine einzige wirkliche Wahrscheinlichkeit für die Schuld Johannas. Sie hat gern froh und gesellig gelebt; ihr weltkundiger Sinn suchte Freude und Anregung, ihre Intelligenz verlangte geistigen Austausch. Schon aus der Zeit, als sie mit ihrem Gatten Reisen machte, erzählt sie von vielen bedeutenden Männern, deren nähere Bekanntschaft sie machte, und deren Unterhaltung anregend und fördernd auf sie wirkte. Daß sie in Weimar mehr bei den Männern als bei den Frauen Befriedigung für ihre geistigen Bedürfnisse fand, ist leicht erklärlich. Sie zählte die bedeutendsten Männer ihrer Zeit zu ihrem Kreise; die Frauen aber, die ihr etwas hätten sein können, lebten nach althergebrachten überlegten Regeln ein konventionell eingeengtes Leben. Sie atmeten seit Generationen die Luft des etikettereichen Hoflebens, und es war ihnen fast die höchste Befriedigung ihres Ehrgeizes, sich als Hofverwandte fühlen zu dürfen. Sie verstanden Johanna und deren Gesichtskreis und freiere

Lebensformen nicht; für sie war sie die Fremde und die Bürgerliche, die nicht in ihren Kreis gehörte.

Johanna hatte immer viele Verehrer, die sie verwöhnten, und ihr ist sehr wohl dabei gewesen. Sie schrieb zum Beispiel Neujahr 1807 über den Rat Conta[1]) an ihren Sohn:

„Wollte ich ausgehen, so hatte ich seinen Arm; wollte ich Schach spielen, so spielte er; wollte ich mir vorlesen lassen, so las er; wollte ich allein sein, so ging er; solch einen Cicisbeo finde ich nie wieder." Und am 23. März desselben Jahres antwortete sie Arthur auf seine besorgten Fragen: „An Anbetern fehlt es mir nicht; aber laß Dir nicht bange sein", und sie beschrieb ihm den lustigen Teeabend beim Herrn von Schardt. Aber daraus überall unlautere Verhältnisse folgern zu wollen, ihr aus jeder Freundschaft oder Verehrung eine Liebschaft zu machen, dazu hat man doch kein Recht; man darf niemand verurteilen, ehe seine Schuld erwiesen ist.

Jedes Urteil hängt wesentlich von der Persönlichkeit des Beurteilers ab. Wer nicht an die Möglichkeit einer reinen Freundschaft zwischen einer intelligenten älteren Frau und einem geistig bedeutenden Manne glauben kann, der wird in manchem Wort und Benehmen das finden, was seiner Annahme eines unlauteren Verkehrs entspricht, während ein anders Denkender dieselben Momente ganz harmlos an sich vorüber gehen läßt. Arthur Schopenhauer war es nicht gegeben, an die Reinheit

---

[1]) Karl Friedrich Anton von Conta, 1778—1850, Geh. Legationsrat, später Minister in Weimar.

eines solchen Verhältnisses zu glauben. Schon im Alter von neunzehn Jahren las er mißtrauisch die frohen Berichte der Mutter über ihr geselliges Leben, fürchtete er immer wieder, sie könnte das Andenken seines Vaters schädigen, sogar der Verkehr mit dem todkranken Fernow beunruhigte ihn. Und immer wieder stellte er die Mutter deswegen zur Rede. Hatte sie ihn in den früheren Fällen zu beruhigen gewußt, so gelang ihr das bei seinen Vorwürfen Gerstenbergk betreffend nicht. Auch daß sie Arthur in ihre nächste Nähe nahm, in ihr Haus, direkt zu dem Zweck, er solle sehen, wie sie lebe, daß sie kein Unrecht tue, änderte nichts an seiner in ihm feststehenden Meinung. Eine Mutter, die sich schuldig fühlt, wird kaum ihren mißtrauischen sechsundzwanzigjährigen Sohn bitten, "komm und wohne bei mir, ich bitte Dich unter Tränen, Du wirst sehen, es ist nicht so, wie Du denkst!" Und als sie sieht, daß alles vergebens war, daß er sich auch weiter dazu befugt fühlt, sie zu richten und zu verurteilen, da wiederholt sie ihm schriftlich, daß sie ihn nur aus dieser Absicht gebeten habe, bei ihr zu wohnen. Man sollte meinen, daß keine Frau, die sich schuldig fühlt, und ihr Spiel verloren hat, so handeln könnte.

Ob in den späteren Jahren Gerstenbergk in ein anderes Verhältnis zu Johanna getreten ist, wissen wir nicht. Die Tagebücher der Adele Schopenhauer könnten für eine solche Annahme sprechen, man hat sie jetzt als Hauptbelastungszeugen gegen Johanna aufgestellt. Es wäre ja möglich, daß man damit das Richtige getroffen hat. Es befinden sich Stellen in ihren Tage=

büchern, aus denen der Argwöhnische sich ein unerlaubtes Verhältnis herauslesen kann. Ebenso kann es sich aber auch nur um seelische Spannungen handeln; und dies ist um so wahrscheinlicher, als Adele auch von dem bösen Briefe[1]) Arthurs 1819, in dem er der Mutter den schwersten Vorwurf macht noch sagt: „Ich fühlte, daß Arthur dies einzig auf den Vermögensverlust und die Unachtsamkeit der Verwaltung bezog und versuchte alles, um die Mutter zu beruhigen." Man darf nicht übersehen, daß Adele bei all ihren edlen Charakter=eigenschaften eine äußerst überschwengliche, alles auf die Spitze treibende Natur war, und daß sie in jener Zeit, als sie die Tagebücher schrieb, seelisch und körperlich krank war. Sie hat das später selbst wiederholt ge=sagt, und man kann daher ihre Auffassung der Ereig=nisse nicht zuverlässig nennen. Jenny von Pappenheims bereits früher mitgeteiltes Urteil über sie bestätigt das. Die Aufzeichnungen in ihrem Tagebuche vom 11. Juli 1819 decken sich mit dem Inhalt des soeben erwähnten Briefes an Ottilie insofern, als Adele bis zu dieser Zeit ganz unbefangen neben der Mutter gelebt hat, ohne eine Ahnung von dem „unerlaubten Verhältnis" zu haben, das Arthur der Mutter zur Last legt. Erst aus dem Briefe Arthurs erfährt sie davon und ist über diese Beschuldigung empört.

In größter Aufregung schreibt sie in Danzig, wo sie sich mit ihrer Mutter wegen des Konkurses des dor=

---

[1]) Goethe=Gesellschaft, Publikation 1913. Brief Adeles an Ottilie.

tigen Kaufhauses Muhl aufhielt, in ihr Tagebuch[1]):
„Arthur bot der Mutter an, sein Vermögen mit uns zu teilen, er bediente sich aber in Hinsicht auf den Vater ungeziemender Ausdrücke. Ich meinte, Taten sprächen mehr als das Wort, ich verstand ihn und die Mutter nicht. Sie fand den Brief, las ihn unvorbereitet, und eine gräßliche Szene erfolgte. Sie sprach von meinem Vater — ich erfuhr die Schrecknisse, die ich geahndet, sie war so außer sich, daß weder Bitten noch Anerbieten meines ganzen Erdenreichtums sie zu einem freundlichen Worte, zur Überzeugung meiner Liebe bringen konnten. Ihre Ansichten, ihre Gefühle konnte ich nicht teilen; endlich, als sie mich durchaus nicht anhörte, reizte mich das offene Fenster mit unwiderstehlicher Gewalt. Sterben war ein Spiel gegen die Riesenlast des Lebens — aber als ich den entsetzlichen Drang in mir fühlte, gab mir Gott Besinnung und Kraft. Dennoch brachte mich die Härte der Mutter gegen Arthur, ihr Starrsinn, die Unmöglichkeit, sie zu überzeugen, daß meine Seele rein von jeder Anklage gegen sie zu einer Verzweiflung, die in lautes Schreien und Weinen ausbrach. Ich lag weinend, vergehend auf der Erde — nirgends einen hellen Punkt. Alles dahin! Und nicht einmal das Glück erkauft, daß sie mir mild und ruhig traut, daß sie einsieht, daß ich sie liebe!"

Johanna muß in heftigen Worten ihrer Entrüstung Ausdruck gegeben haben, daß ihre Kinder so niedrig von ihr denken konnten; „die Unmöglichkeit sie zu über-

---

[1] Tagebücher, Band II, S. 32.

zeugen, daß ihre Seele rein von jeder Anklage gegen sie ist", bringt Adele zu einer Verzweiflung, die in „lautes Schreien und Weinen ausbrach". Im höchsten Maße verletzt, erscheint Johanna auch das Band mit der Tochter zerrissen.

In dem schon angeführten[1]) Briefe Adeles an Ottilie findet sich außer dieser Bestätigung, daß Arthur der Mutter böse, kränkende Worte geschrieben hat, gleichzeitig das Zugeständnis Johannas, daß ihr Mann durch Selbstmord geendet habe. Während Adele sich mit dieser letzteren Nachricht in Ruhe abfindet, „denn Gott steht über alles Irren und kann menschliche Schwäche nicht hart strafen" scheint die Mutter unendlich darunter zu leiden und die Idee des Selbstmordes zu verbannen, ihr entfliehen zu wollen. Adele zeigt ihre Liebe für die Mutter in den Worten: „Darum muß aufgeboten werden, was unsere Kraft vermag, um die I d e e von ihr zu entfernen; sie muß nicht daran denken, dann können wir nur ruhig, glücklich sein." Sie jammert, daß sie so wenig tun kann, daß sie noch nichts fand, um der Mutter zu beweisen und um es ihr klar zu machen, wie sehr sie sie liebt.

Die verschiedenen Konflikte jener zehn Jahre waren schwer genug, um beide Frauen aus ihrem seelischen Gleichgewicht zu bringen, und es erscheint ratsam, eine vorsichtige Kritik an die Worte der vielschreibenden Adele zu legen, die im Gegensatz zu der sich meistens beherrschenden Mutter ihrer jedesmaligen Stimmung über-

---

[1]) Kapitel 5.

schwenglichen Ausdruck verlieh. Wer aber unvoreingenommen ihre Worte liest, wird immer wieder, trotz der häufigen Unzufriedenheit, die innige Liebe Adeles zur Mutter als selbstverständlich hindurchbrechen sehen.

Zeitgenossen, wie Reinbeck rühmen Johannas „feine Bildung, ihren Kunstsinn, ihre Empfänglichkeit für alles Gute und Schöne, ihre literarischen Kenntnisse und ihren guten Geschmack." An anderer Stelle spricht Reinbeck von ihrer „gutmütigen, wahrhaft schwesterlichen Sorgfalt für den armen Fernow". Und von Goethe sagt Düntzer, daß er an Johanna besonders ihr reines tiefes Gemüt und ihren edlen Kunstsinn verehrt habe. Er freute sich sehr, daß sie durch diese beiden Eigenschaften eine der beliebtesten deutschen Schriftstellerinnen wurde.

Unstreitig hat Gerstenbergk eine Reihe von Jahren großen Einfluß auf Johanna gehabt, oft in verhängnisvoller Weise. Wie er zu diesem Übergewicht gekommen ist, ob es sich nur aus seinem Charakter erklären läßt, bleibt eine schwer zu beantwortende Frage. Vielleicht hat auch die Tatsache, daß er selbst Schriftsteller war und Johannas Interesse in hohem Maße fördern konnte, dazu beigetragen; wer selbst Schaffender ist, weiß, wie anregend und befruchtend die Anteilnahme eines Sachverständigen wirkt und wie selten sie zu finden ist. Mitunter half Gerstenbergk ihr auch noch kräftiger dabei als nur durch sein Urteil. Im Vorwort ihres Romans „Gabriele" sagt Johanna Schopenhauer, daß ihr die Gabe des Gesanges vom Himmel versagt ward, und daß daher die Gedichte in diesem Roman nicht von ihr seien, sondern daß sie sie einem Freunde danke, den sie gern vor der Welt nenne: Friedrich von Gerstenbergk, den Verfasser der "Kaledonischen Erzählungen" und der "Phalänen".

Jedenfalls hat Johanna Schopenhauer auch später in treuer Freundschaft mit Gerstenbergk in dauerndem Verkehr gestanden. Als sie 1828 den Entschluß faßte, von Weimar fortzuziehen, war Gerstenbergk der Freund, von dem es ihr am schwersten wurde zu scheiden. Er war es, der ihr häufige Berichte aus der Heimat senden mußte, als sie fern von ihr in Bonn lebte, und manche Bemerkung findet sich in ihren Briefen, die von ihrer bleibenden Anteilnahme an seinem Ergehen Zeugnis ablegt[1]).

Einen Zeugen gibt es noch, der für Johannas Unschuld eintritt, das sind ihre Werke, die die Ideale schildern, denen ihre Seele nachsann. Das ist vor allem ihr Roman "Gabriele", der gerade in den Jahren ihrer intimsten Freundschaft mit Gerstenbergk entstanden ist. Und vielleicht ist dieser Zeuge für Psychologen der überzeugendste. In diesem Roman Gabriele hat der Idealismus das erste und einzige Wort. Gabriele lebt ihr ganzes, an Aufopferung reiches Leben in dem Andenken und nach

---

[1]) Als Kanzler in Eisenach ist Gerstenbergk 1838 gestorben, in demselben Jahre, das auch das Todesjahr Johannas wurde. Verheiratet war er mit einer Gräfin Haeseler, mit der er drei Kinder hatte. Sein einziger Sohn ist als Staatsminister von Sachsen-Altenburg gestorben. Als Schriftsteller war er der Verfasser der Kaledonischen Erzählungen 1814, der Phalänen 1817 und der Gedichte in Johanna Schopenhauers Roman "Gabriele" 1819 bis 1820.

[2]) Johanna Schopenhauer, Briefe von Karl von Holtei.

dem Sinn ihrer geliebten früh verstorbenen Mutter, ohne ihre eigenen Herzenswünsche zur Geltung kommen zu lassen. Man kann sagen, daß ein solches Übermaß von Entsagung unwirklich und unmöglich, zum mindesten unwahrscheinlich ist. Was aber in diesem Roman ganz und gar fehlt, trotz der verschiedenen darin vorkommenden Liebesverhältnisse, das ist jede, auch die leichteste Beziehung auf Sinnlichkeit; alles wird nur vom Gesichtspunkt des tiefen, vergeistigten Gefühls aus behandelt. Hätte Johanna in einem unlauteren Verhältnis zu Gerstenbergk gestanden, so müßte nach meiner Meinung der Roman „Gabriele", zu dem Gerstenbergk die Gedichte gemacht hat[1]), ganz anders klingen, so müßten erotische Gedanken und Schilderungen der Verfasserin unabweislich von selbst gekommen sein.

Aber auch wenn Johannas Verhältnis zu Gerstenbergk nach dem Fortgang Arthurs kein reines Freundschaftsverhältnis geblieben wäre — so wäre doch das Urteil ihrer Gegner zu hart. Denn Johanna Schopenhauer kann den Anspruch machen, aus ihrer Zeit heraus beurteilt zu werden. Sie war eine der außerordentlichen Frauen, wie Rahel, Henriette Herz, Dorothea Schlegel und andere. Wie es aber im Wunsch und Streben jener Zeit lag, „sich eine künstliche Welt gegen die widerwärtige wirkliche Welt zu schaffen[2])", so spricht auch Gustav Freytag von der damaligen Virtuosität, sich das Leben angenehm zu machen und rühmt den kräftigen,

---

[1]) Gabriele, Vorwort, S. VIII.
[2]) W. Bode, Amalie, Herzogin von Weimar.

unbefangenen Sinn, der sich die frische Laune bis in das späteste Alter zu bewahren weiß. „Nach einem Leben, reich an Vergnügungen und nicht frei von Konflikten zwischen Pflicht und Neigung," sagt er, „vermag er es, ein frohes und respektiertes Alter durchzusetzen [1]."

Diese Erwägung, wie es sonst in jenen Zeiten herging, würde auch in dem Falle ihrer Schuld das Urteil über Johanna Schopenhauer zu einem mildern machen müssen.

Gelegentlich einer Bemerkung über Schillers Liebe zu den Schwestern von Lengefeld, seiner Gattin und seiner Schwägerin, sagt Adelheid von Schorn: „Ich glaube, wir können jetzt schwer die damaligen romantisch und schwärmerisch angehauchten Liebes- und Freundschaftsverhältnisse verstehen, und so beurteilen wir manches ganz falsch [2]." Es war eben damals die Zeit der schönen Seelen, der Seelenanalysen, der Bekenntnisse, der Verinnerlichung und der Vertiefung in die eigene Art und die der Freunde; es war die Zeit der Freundschaften zwischen den verschiedenen Geschlechtern, wovon uns so viele briefliche Dokumente erhalten sind.

---

[1] G. Freytag, Bilder aus der deutschen Vergangenheit, Bd. 4.
[2] A. v. Schorn, Das nachklassische Weimar, S. 185.

Der Verlust des Vermögens.

Nachdem der Sohn von ihr gegangen war, hatte Johanna den Wunsch, in der ihr zusagenden Weise weiter zu leben. Aber das ließ sich nicht so leicht machen. Zwar dauerten ihre Gesellschaftsabende fort und brachten ihr manche Anregung; und auch ihre schriftstellerische Arbeit machte ihr von Jahr zu Jahr mehr Freude. Aber die innere Unzufriedenheit ließ die Verstimmung oft Herr über sie werden. Von frühester Jugend an gewöhnt, sich zu beherrschen und der Welt, in der sie so gern lebte, immer ein gleichmäßig freundliches Gesicht zu zeigen, wollte jetzt manchmal ihre Kraft dazu kaum reichen. Es kam zu unfreundlichen häuslichen Szenen, unter denen natürlich die Tochter an erster Stelle litt. In den Tagebüchern[1], die Adele in jener Zeit geführt hat, erkennt man diese Unbehaglichkeit ihres häuslichen Lebens, die beide Frauen sich bemühten vor der Welt zu verbergen; viele einzelne Szenen berichten davon. Dazu griffen im Laufe der nächsten Zeit noch andere Ereignisse in ihr Leben ein; sie vermehrten und vergrößerten die oben geschilderten Zustände.

Wiederholt hatte Adele versucht, mit Arthur wieder in ein besseres Verhältnis zu kommen. Aber mochte sie es nicht richtig angefangen haben, oder lag es allein

---

[1] Tagebücher der Adele Schopenhauer.

an der schroffen Unzugänglichkeit des Bruders, sie hatte keinen Erfolg mit ihren Versuchen. Wie sie über sein Verhalten urteilte, zeigt ein Brief an Ottilie[1]) vom Jahre 1814, in dem es heißt, daß Arthur sie quäle, und ein späteres Schreiben, das der Freundin erzählt, Adele sei nach Jena gefahren, um „der Gegenwart eines Menschen zu entgehen, der noch endlosen Jammer über uns alle bringen wird. — Mein Bruder hat sich schändlich gegen die Mutter benommen, für jetzt will ich ihn nicht sehen. Behüte Gott Deine reine Seele für Eindrücke, wie der gestrige Tag in mir zurückläßt."

Nun schrieb sie am 25. Juni 1816 in ihr Tagebuch: „Gestern war einer der schrecklichsten, wunderlichsten Tage, die ich in ewig langer Zeit erlebt. — Nachmittags kam Arthurs empörende Antwort. Ich war so außer mir, daß ich gleich zu Ottilien lief und dort heimlich antwortete und sie den Brief lesen ließ. — Ach ich hatte so viel von dem Plan, nach Dresden zu gehen (zu dem Bruder) gehofft; alles, was ich mühsam erbaut, ist niedergerissen, und meine Arbeit geht von neuem an — es ist sehr hart."

Aber auch das Zusammenleben mit Gerstenbergk gestaltete sich mit der Zeit anders, als es nach Johannas Briefen an ihren Sohn während der Konfliktszeit zu erwarten gewesen wäre. Adele weiß von vielen unerfreulichen Zuständen zu berichten, die die Launen und das ihr unbegreifliche Wesen Gerstenbergks mit sich führen. Er quält sie beide; er sucht alle wunden Stellen

---

[1]) Publikation 1913 der Goethe-Gesellschaft.

auf. „Meine arme Mutter leidet sehr", heißt es am 20. November 1816. „Ich in ihr mit. Auch Ottilien hat er böse Tage bereitet."

Trotzdem besuchte Adele im September 1817 Ronneburg, die Heimat Gerstenbergks, und das folgende Jahr führte alle drei zusammen zu einer Reise nach Baden-Baden. Es scheint, als habe der Plan bestanden, Adele mit Gerstenbergk zu verheiraten, trotz der Antipathie, die sie, wenn auch abwechselnd mit freundlichen Stimmungen, gegen ihn empfand. „Er ist einmal der Feind meiner Heiterkeit, meines Lebens," sagt sie[1], „in mir erstirbt alle Jugend vor seinem Wesen, und ich erstarre zu Eis."

Auch der Mutter war Gerstenbergks Benehmen in diesen Jahren unerfreulich und oft peinigend geworden. „Gerstenbergks Launen drücken meine Mutter sehr", schrieb Adele am 24. November 1818. „Viel häuslicher Verdruß, viel Arbeit, viel Besuch." Aber für Johannas literarische Arbeiten hatte er viel Interesse und vermochte als Schriftsteller sie in hohem Maße anzuregen.

Freundliche Eindrücke wechseln mit niederdrückenden in den Aufzeichnungen Adeles. Aber die letzteren sind die weitaus häufigeren. Dazu kommen unerquickliche Verhältnisse im gesellschaftlichen Leben Weimars durch das stärkere Hervortreten des Adels, das die Spannung zwischen Adel und Bürgerlichen vergrößert. Gerstenbergks Dienstverhältnisse werden übler und bringen eine

---

[1] Tagebücher von Adele Schopenhauer 28. 2. 19.

neue Dissonanz in ihr Leben. Und von Arthur kommt keine Nachricht[1]). Eine große Unsicherheit und Ungleichheit in Johannas Wesen tritt immer deutlicher hervor, der Kampf ihrer frohangelegten Persönlichkeit gegen den schweren Druck, den das Schicksal auf sie ausübt. Oft genug unterliegt ihre Selbständigkeit; Adele klagt viel über die Wankelmütigkeit ihrer Bestimmungen, die ihrem eigenen Leben auch jede Sicherheit und Berechnung nehmen. Dazu kommen eigene Herzensangelegenheiten von Adele, die, bei ihrer Art leidenschaftlich zu empfinden, sie bald beseligen, bald höchst unglücklich machen. Am 20. Februar 1818 schreibt sie[2]): „Gestern — — ach Gott, nein, ich kann mich nicht entschließen, von meiner gestrigen Verzweiflung über die beiden Szenen mit der Mutter und Gerstenbergk zu schreiben. — Arthur war die Veranlassung. Ich schrieb an Gerstenbergk, er an mich, heut nimmt er sich vortrefflich, ich bin krank. Otti[3]) beklagt mich und mildert die Stimmung des Moments, sie kann ja alles über mich."

Aus der nachfolgenden Tagebuchstelle scheint es hervorzugehen, daß die Mutter die Verheiratung Adeles dringend gewünscht habe, entweder mit Gerstenbergk oder mit einem anderen. Adele schreibt[4]): „Nun noch einen Punkt — Ottilie fürchtet eine Unbesonnenheit von mir, und ich versichere Dich, umsonst. Gerstenbergk

---

[1]) Tagebücher 30. Oktober 1818.
[2]) Adele Schopenhauer, Tagebücher Band I, S. 92.
[3]) Ottilie von Goethe.
[4]) Tagebücher 4. März 1818.

hat mich aufs äußerste getrieben, und wenn ich heirate, tue ich's, um nicht dies Gefühl der Schuld mein ganzes Leben lang mit mir herumschleppen zu müssen. Sieh, ich könnte es nicht ertragen, daß ich der Mutter Glück zerstört hätte, glaube mirs auf mein Wort. Allein ich weiß, was ich tue, und würde nun und nimmer mich mutwillig unglücklich machen; ich verspreche Dir, der Stimme der Vernunft nicht allein zu folgen, aber wenn ich einen Mann so achte, daß er neben Heinke[1]) nicht zu einem hohlen Nichts versinkt, so bin ich entschlossen. — —"

Im Herbst desselben Jahres erhielt Adele von einem Jugendfreund ihres Bruders aus der Gothaer Zeit, Johann Gottlieb von Quandt, einen langen Brief. Er schrieb darin[2]), daß er Adele das früher gegebene Versprechen erfüllt und sich um die Freundschaft ihres Bruders bemüht habe. Es sei ihm dies gelungen, und er glaube, daß ihn Arthur liebe, so sehr es ihm möglich sei. Mit voller Wärme trat er für den Freund ein: „Die Menschen sind ungeschickt mit ihm umgegangen", sagte er. „Schwache haben den Starken leiten wollen, er hat sich von ihnen losgerissen und die morschen Stützen mit gebührender Verachtung zermalmt und von sich geworfen. Egoisten haben mit seinem arglosen Herzen ein grausames Spiel getrieben, er hat sich von ihnen zurückgenommen... So steht er sehr einsam in der Welt, und es ist nicht gut, daß der Mensch allein sei.

---

[1]) Ferdinand Heinke, Gegenstand der Schwärmerei von Ottilie und Adele.

[2]) 26. Oktober 1818.

Geben Sie ihm einen Freund, aber im vollen Sinne des Worts, und er ist gerettet, und unter Tausenden der Trefflichste." Er erkennt an, daß es schwer sein würde, einen Freund für ihn zu finden, da Arthur nicht leicht einen Menschen achtet, und spricht von dem nachteiligen Einfluß des einsamen Lebens, wenn die Menschen uns kein Gegengewicht gegen uns selbst geben. Kein Mensch widerspricht seinen Meinungen selbst, es bietet ein jeder seinen Scharfsinn auf, um sich immer und immer recht zu geben.... Soll unser Freund zu den Menschen zurückkehren, so müssen wir einen Magnet finden, der es vermag, ihn in den Kreis des Lebens herüberzuziehen und festzuhalten.... Diese sympathetische Gewalt üben nur Sie über ihn aus, er liebt Sie unaussprechlich... und fühlt eine unendliche Sehnsucht Sie nur einmal wiederzusehen, er wünscht dieses Wiedersehen mit dem ganzen Ungestüm seines Wesens und fürchtet, daß es nie geschehen werde; — sollte seine Furcht wirklich gegründet sein?! Bedenken Sie, daß der ganze innere Mensch, mit dem ganzen Reichtum seiner Seele unverloren, nur in furchtbaren Egoismus eingesargt liegt, daß es aber auch nur einer wahrhaft liebevollen, schwesterlichen Stimme bedarf, um den in Egoismus begrabenen Engel zur Auferstehung zu rufen... Ich weiß nicht, welche Veranlassung eine Trennung zwischen einer so trefflichen Frau, wie Ihre Frau Mutter, und einem so geistreichen Sohn wie Ihren Bruder herbeigeführt hat, und ich habe es nie ergründen wollen, was das ewige Band der Natur zerreißen konnte. Was ich aus seinem Munde darüber hörte, war, daß er sich für aufgegeben hält, nur soviel konnte ich aus seinen Äußerungen über sein früheres Leben abnehmen, daß jugendliche Wildheit wohl die erste Veranlassung zu dieser Trennung mag gegeben haben, und ich glaubte, tief in seinem Herzen die Zuckungen eines ungeheuren Schmerzes gewahr zu werden, welcher die Erinnerung an eine furchtbare Epoche seines Lebens zu begleiten schien. So dunkel hierüber auch seine Mitteilungen waren, so sah ich doch sehr klar daraus, daß Achtung, ja selbst eine Zuneigung, deren er sich nicht vollkommen bewußt wurde, zu Ihrer und seiner Mutter überall durchleuchtete, zugleich ward ich aber auch die unselige Besorgnis an ihm gewahr, daß er fürchtet, daß die ihn am meisten flieht, welche von Natur ihm die nächste ist." Quandt bedauert, daß Fernow nicht mehr lebt, der gewiß der beste Vermittler wäre; er nennt Arthur trotz vieler Charakterhärten von Natur weich und gemütlich und auch dankbar und meint, wenn Adele oder ihre Mutter den ersten Schritt zur Annäherung tun möchten, er würde sicher nicht zurückweichen. „Sollte nicht, was auch vorgefallen sein mag, Ihre Frau Mutter wünschen, einen so ausgezeichneten Sohn wiederzugewinnen und zu retten? ... Ich kann mir in der Welt nichts denken, was so furchtbar wäre, daß es auf ewig eine Mutter und einen Sohn trennen könnte; denn der Instinkt ist ja die urälteste, göttliche Offenbarung."

Nach Empfang dieses Briefes schrieb Adele in ihr Tagebuch (4. November):

„Quandt hat mir dieser Tage geschrieben, ein Brief, der mich sehr unglücklich macht. Er glaubt, Arthur zu retten, liebt mich in ihm und wird, ohne jenem zu helfen, zugrunde gehen. Um mich! O Gott, welches Mißverstehen der Herzen!"

Aber als Arthur Schopenhauer im März 1819 in Neapel war, erhielt er doch einen Brief von der Schwester, in dem sie ihm ausführlich ihr Leben schilderte. „Es drohte mir das Schlimmste, was mir begegnen kann", schrieb sie unter anderem. „Unser Hausgenosse schien sich nach Süden begeben zu wollen, die Mutter, die ohnehin hier ungern lebt, wäre sicher auch fortgezogen. Eine Reihe der wunderlichsten Zufälligkeiten stellt mich für dieses Jahr noch ganz sicher." Dann redete sie dem Bruder zu, sich zu verheiraten und fügt hinzu: „Häusliches Glück ist wohl das schönste, was uns dies Dasein gibt, und die meisten gehen stumm ohne Klage hin und haben es nicht und dürfen es nicht einmal suchen. Ich habe es auch nicht; mich drängt, mich quält fremde Einwirkung, mich treibt mein Stolz oft zu Unfreundlichkeiten gegen Gerstenbergk, gegen die Mutter."

Auf Arthurs Antwortbrief schrieb die Schwester im Mai wieder. Sie fühlte sich frischer und wohler und damit auch zufriedener. Das zeigt der ganze mutige Ton ihres Briefes; zum Schluß heißt es: „Nun wie ich lebe? In Saus und Braus, seitdem alles gesund ist; wir fahren viel aus, ich bin fast den halben Tag mit meinen Freunden in der freien Luft und halte diese Zeit nicht für verloren, weil ich mich viel gesunder fühle. Goethen sehe ich alle Mittwoch, wo wir abends bei ihm essen... Mein Inneres ist klar und heiter, wie der blaue Himmel über mir, Ottilie fehlt mir, aber ich gönne ihr ihr Glück, in Preußen zu sein, da sie's Jahre lang wünschte. Die Mutter ist unendlich freundlich und gut, die Freunde kommen viel, alles um mich her ist mir eben recht." —

Zwei Tage nach diesem Briefe trat ein Ereignis ein, das in seinen Folgen Arthur noch weiter von den Seinen entfernen sollte und der Mutter die so sehr geliebte Schönheit und Behaglichkeit des äußeren Lebens raubte. Adele aber schrieb dem Bruder: „In diesen zwei Tagen liegt die Umwälzung meines ganzen Erdengeschicks."

Das Handlungshaus Muhl & Comp. in Danzig, dem Johanna den Rest ihres eigenen und fast das ganze Vermögen ihrer Tochter ohne weitere als wechselmäßige Sicherheit anvertraut hatte, wurde zahlungsunfähig. Die beiden Frauen begaben sich sofort nach Danzig, um in persönlicher Rücksprache sich besser informieren und besser ihre Ansprüche vertreten zu können. Während Adele unmittelbar nach der Nachricht, die sie am 27. Mai erhielten, Kraft und Besonnenheit fand, um nach außen die nötige Haltung zu bewahren und alles Notwendige zu bestimmen, wechselten bei der Mutter, wie sie von Leipzig aus am 5. Juni schreibt, die „Extreme, Verzweiflung und Leichtsinn, Selbsttäuschung und Hoffnung mit Heldenmut und Ruhe, zuweilen Kälte." Am 11. Juli notierte Adele in ihrem Tagebuche, daß Arthur, wie schon berichtet, der Mutter angeboten habe, sein Vermögen mit ihnen zu teilen, daß er sich aber in Hinsicht auf den Vater ungeziemender Ausdrücke bedient und die Mutter dadurch in große Erregung versetzt habe.

Dieses Anerbieten wurde nie wieder von ihm erneuert, und es wurde auch niemals davon Gebrauch gemacht.

Leider wurde die Regelung der Konkursangelegenheit die Ursache eines mehr als zehnjährigen Zerwürfnisses der Geschwister. Die Frauen fügten sich dem Rat der ihnen befreundeten Kaufleute und schlossen einen Vergleich; Arthur widersetzte sich diesem auf das lebhafteste. Vergebens bemühte sich Adele, den Bruder zur Nachgiebigkeit zu bewegen; ihre Bitten erregten zuletzt seinen Argwohn und ließen ihn glauben, man wolle ihr aus Ländereien, die nicht zur Konkursmasse gehörten, größere Vorteile zuwenden, wenn sie den Vergleich zustande bringe. Er ließ sie diesen Verdacht merken und verletzte sie dadurch schwer. Ihr Brief vom 22. November 1819 schloß mit den Worten: „Ich bin so wund, gedrückt und habe so verschiedene schmerzliche Losreißungen mit mir selbst in der Stille abzumachen, daß ich nichts weiter ertragen kann. Argwohn hat noch nie zu dem gehört, was ich erduldet; auch die leiseste Andeutung tritt scheidend zwischen uns. Ich habe Deine Festigkeit, aber auch Deinen Stolz, das vergiß nicht."

Arthur muß in seiner Antwort wohl in Ausdrücken der Verzweiflung vor dem drohenden Vermögensverlust gesprochen haben; denn Adele antwortete ihm in ihrem nächsten Briefe am 9. Dezember 1819: „Endlich bleibt noch zu bemerken, daß ich als Mann mich nicht einmal vom Stuhl, viel weniger von einer Brücke stürzte, weil ich kein Geld hätte. Adio, es gehe Dir gut, besser als mir."

Eine letzte Bitte Adeles an den Bruder wurde durch

ein Schreiben von ihm beantwortet, das zum Bruche ihres Verkehrs führte. In ihr Tagebuch schreibt Adele vom 9. Februar 1820: „Endlich Arthurs Brief, der mich vernichtend berührte. Ich kann noch nicht antworten, indes schrieb ich ihm einige Abschiedszeilen. Denn meine Seele ist von ihm geschieden. — Seine Art, den Akkord abzulehnen, mir auf meinen fast demütig weichen Brief, auf mein ruhiges Vertrauen so zu antworten, hat mich tief gekränkt — es muß eine lange Trennung begütigend zwischen uns treten. Arthur will nicht akkordieren, sondern apart als Schuldner bestehen und warten, ob und wann Muhl ihn bezahlt. Irrtum ist nichts, aber die unmenschliche Härte! Es muß jetzt aus sein, denn ich darf das nicht ertragen!"

Arthur Schopenhauer, der seine Sache selbst führte, hatte mit seiner standhaften Erklärung, sich nicht auf einen Vergleich einlassen zu wollen, das Rechte getroffen. Es gelang ihm später, seine ganze Forderung zu retten, während Mutter und Schwester fast ihr ganzes Vermögen verloren. — Sechzehn Jahre später schrieb ihm Adele:

„Ich riß mich los von Dir, weil mich Dein Mißtrauen erschreckte. Es ist eine traurige Geschichte; Vorwürfe verdiene ich aber nicht; ich habe in aller Unschuld gefehlt."

Die erfolgreiche Schriftstellerei Johannas ermöglichte wenigstens ein anständiges Weiterleben in Weimar; doch war der Kontrast mit ihrer früheren Existenz recht groß. Namentlich Adele drückte die mühsam erhaltene Scheinwohlhabenheit oft wie eine Lüge.

Von Interesse ist es zu sehen, wie auch Adele so anders geartet ist, als die Mutter, und wie sie das oft schmerzhaft empfindet. Am 21. August 1819 schreibt sie in ihr Tagebuch: „Bei aller Güte, Anmut und Liebenswürdigkeit versteht meine Mutter die Dinge anders als ich. Wir sind verschieden, und mit glühender Sehnsucht ruhen meine Blicke auf den Bildern meiner Freunde, in deren Armen ich ruhen und weinen konnte."

„Wir sind verschieden!" So kommt auch sie, wie ihr Bruder vorher zu der Erkenntnis, daß sie nicht verstanden wird, daß Verschiedenheit der tiefsten Wesensart sich nicht ohne weiteres durch Mutterliebe und Kinderliebe auslöschen läßt. Vielleicht war den Kindern das früher klar, als der Mutter. Wenn man an die zarte Sorge und an die innige Liebe denkt, mit der Johanna ihre kleine Adele zehn Jahre früher umgeben hat, so wird man zugeben müssen, daß nicht Mangel an Mutterliebe, sondern eben diese sich immer stärker entwickelnde Wesensverschiedenheit die Veranlassung zu dem gegenseitigen Nichtverstehen war. Nur ein Dulden und Ertragen des Gegensätzlichen und ein um so stärkeres Festhalten an dem, was beide Teile eint, kann solche Kluft einigermaßen überbrücken und ein erfreuliches Resultat erzielen. Solches Bemühen muß aber von beiden Teilen ausgehen. Johanna Schopenhauer und ihrer Tochter Adele gelang es schließlich mit diesem Bemühen; Adele blieb bis zum Tode der Mutter ihre treue, liebevolle Pflegerin, wie auch diese es mehrfach ausgesprochen hat, wie wert ihr die Tochter war. Die schönen Worte, die Adele nach ihrer Mutter Tod für diese zu ihrer

Würdigung fand, adeln in gleicher Weise sie selbst, wie die, der sie gelten.

Daß Adele in den vielen Aufzeichnungen ihrer Stimmungen und Empfindungen sehr verschiedene Urteile über die Mutter ausgesprochen hat, ist bei ihrer leidenschaftlichen Wesensart leicht verständlich. Am meisten beklagt sie sich über den Egoismus und die Unzartheit der Mutter in ihren Herzensangelegenheiten. Aber diese Klage ist nicht jedesmal berechtigt. Adele hat immer leidenschaftlich und überschwenglich geliebt, oft zwei und drei Männer auf einmal, und Paul Kühn[1]) spricht sogar von „diesem bei Adele wirklich zu einer alljungferlichen Groteske ausartenden Phantasiespiel der Liebe." Da konnte Johanna unmöglich jedesmal ihre heftigen Empfindungen teilen, sie, die ihre eigenen Gefühle stets in weltkluger Zucht hielt und so viel lieber Frohsinn und Frieden um sich hatte, als traurige Menschen.

Aber im Ganzen hatte Adele trotz solcher Gegensätze und ihrer schmerzhaften Empfindung darüber doch eine große Bewunderung für ihre Mutter. Sie vergaß nie, was sie ihr für die Bildung ihres Geistes und ihrer Talente zu danken hatte und wußte sich manches an ihr auf freundliche Weise zu erklären. „Sie ist in manchem halb unbedacht und zu leicht," schrieb sie im März 1820, „denn das Glück hat sie verwöhnt — sie ist wie sonst alle Künstler."

Welchen Wert sie aber Johannas Mutterliebe beimaß, zeigen ihre Worte vom 8. August 1827[2]): „Meiner

---

[1]) Paul Kühn, Die Frauen um Goethe, Band II.
[2]) Goethe-Gesellschaft, Publikation 1913, Brief von Ottilie.

Mutter unendliche Liebe lehrt mich tiefer und tiefer erkennen, wie gewaltig die Bande der Natur sind, und wie nichts mir ersetzen kann, was mir fehlt, ich bin ganz allein. Ihr alle werdet eure Wege gehen, meine Mutter ist alt! Wo ich dann, wenn ich kränklich bleibe, hingehe, weiß ich nicht."

In den ersten Jahren nach dem Verlust des Vermögens jedoch standen Mutter und Tochter jede noch im Kampf mit sich selbst und die ungünstigen äußeren Verhältnisse trugen dazu bei, ihnen diesen noch zu erschweren. Einmal, noch in Danzig, schreibt Adele ausführlicher darüber (19. Februar 1820): „Denn meine Mutter, die einzige, die ich hier unaussprechlich liebe, und die mich gar nicht versteht, nicht mit mir fortdenkt, wenn ich mich einmal ausspreche, — sie steht über oder unter meinem Leben, sie ist riesenstark und erliegt den kleinlichsten Sorgen. Ich habe nach und nach alles geopfert: mein Klavier, eine eigene Stube, in der ich weinen und jubeln und toben darf, die Morgen, die ich immer einsam zubrachte, nimmt sie mir fast ganz. Ich bin oft gereizt, weil ich will, sie soll meinen Schmerz tröstend, nicht jammernd fühlen, weil ich dann verbergen muß, was mich ergreift — und ich tue oft sehr unrecht — dann weint sie, und dann quäle ich mich, und es bringt uns doch nicht näher, denn ich suche Kraft, nicht Schwäche."

Die Trennung von Weimar.

Als im Jahre 1819 Johanna Schopenhauer den Plan erwogen hatte, Weimar zu verlassen, hatte Adele dies als das Schlimmste betrachtet, das ihr begegnen könnte. Es dauerte nur wenige Jahre, da bat sie die Mutter selbst darum. Sie erkannte immer deutlicher, daß es der Mutter zu schwer fallen mußte, auf alles das immer mehr zu verzichten, was viele Jahre für sie eine Quelle der Freude und des Glückes gewesen war. Ihre Gesellschaftsabende waren kein Ereignis mehr und wurden oft nur spärlich besucht. Andere freundliche Gewohnheiten, die kleinere oder größere Ausgaben verlangten, mußten eingestellt werden, da die mißlichen Vermögensverhältnisse sie nicht gestatteten. Das stete Bestreben, die pekuniären Sorgen nach außen hin zu verbergen, ließ keine Behaglichkeit aufkommen. Wohl schien es Adele oft nicht im Bereich der Möglichkeit zu liegen, daß sie Goethe und Ottilie verlassen könnte; aber diesen ungemütlichen häuslichen Zuständen gegenüber, die ihrer Mutter Lebensfreude zu Boden drücken wollten, hielt sie es doch für wünschenswert, in neue Umgebungen mit neuen Anforderungen zu kommen.

Aber nun wollte die Mutter nicht. Und so ging die alte Not weiter und die alte Unsicherheit und Unzuverlässigkeit. Der Mutter blieb wenigstens die Schriftstellerei mit ihrem Erfolge eine wirkliche Herzensfreude;

Adele aber litt oft sehr unter diesen unklaren, schwierigen Zuständen.

„Diese unzuverlässige Weise, mit der die Mutter alles behandelt und mich um schöne Jahre bringt," schreibt Adele am 10. Mai 1822. „Nun gehen wir weder nach Karlsbad noch irgend wohin; vor vier Tagen sprach sie noch von Dresden. Jetzt ist ihr Roman nicht unvollendet zu lassen, vorige Woche wußte sie, daß bis Johanni der erste Band beendet sein würde. Nun ist sie mit Gerstenbergk auf dem alten Fuß — vor wenigen Wochen — und nun meine Felsennatur — ich weiß manchmal nicht, wie ich das größte Unglück tragen soll." Und am 24. Juni desselben Jahres:

„Ich möchte alles thun, was Mutter wünscht, denn sie leidet so durch Gerstenbergks unerklärliches Benehmen."

Adele, die trotz ihres lebhaften Temperaments doch während ihres ganzen Lebens ruhig und zuverlässig ihren Weg gegangen ist, empfand wohl deshalb besonders heftig die häusliche Unbehaglichkeit und Unsicherheit, weil sie selbst in dieser Zeit eine feste Stütze nötig gehabt hätte. Ihr Gesundheitszustand war nicht gut. Eigene Herzensangelegenheiten kamen dazu. Sie sehnte sich nach einem Menschen, der sie mit derselben überschwenglichen Liebe, die sie fühlte, lieben würde, war aber davon überzeugt, daß sie einen solchen niemals finden würde, um so mehr, als sie leicht dazu geneigt war, ihre Freundinnen als würdiger, schöner, beachtenswerter für einen Mann zu finden als sich selbst. Eine Ehe ohne Liebe einzugehen, lag ihr fern; und auch die frucht=

losen Versuche, mit ihrem Bruder wieder in ein besseres Verhältnis zu kommen, bekümmerten sie und erregten ihr Herz. Wie sehr sie in jener Zeit gelitten hat, sagt sie viele Jahre später in einem Briefe an den Bruder. 1836 schreibt sie ihm:

„Ich habe jahrelange Qual erduldet; denn mein Vermögensverlust hat alle edleren, schöneren Verhältnisse geknickt, verdorben, mein Leben verpfuscht, weil ich lebte, als wäre ich wohlhabend, und doch nicht heiraten konnte aus Armut, und weil mich die Scheinwohlhabenheit drückte wie eine Lüge."

Im Jahre 1823 hatte Johanna eine gefährliche Krankheit zu bestehen. Ein schlagartiger Anfall lähmte ihr eine Zeitlang den Gebrauch der Füße. Sie erholte sich zwar wieder, doch nicht so, daß sie den ganz freien Gebrauch ihres Körpers wieder erlangt hätte[1]). Sie blieb lange leidend und schwächlich und Adele hatte oft unter ihren schwankenden Stimmungen zu leiden.

So schreibt sie von Mannheim am 4. September 1823 an Ottilie[2]) von der Mutter:

„Ihre Steifheit hat abgenommen, Krämpfe und Beklemmungen hat sie nur selten, nie mehr so stark als in Weimar. Sie ist aber sehr geschwächt, dabei umständlich und wie du sie kennst, abweichend von meiner Art zu sein. Das Vermissen eines Sophas hat mir die ersten Tage hier total verdorben. Du weißt, nichts kann mich ungeduldiger machen, als die Art sich immer

---

[1]) Brief von Friedrich Osann, 25. 1. 1824 an A. Schopenhauer.
[2]) Goethe-Gesellschaft, Publikation 1913.

zuerst zu bedenken — Du weißt, durch Kränklichkeit entschuldigt sich die Mutter mit vollem Recht, aber ich leide nach meiner Art."

Adele hatte vorher durch einen Freund brieflich Logis bestellt. Der Freund war aber verreist und ihre Briefe waren unerledigt liegen geblieben. Endlich fanden sie zwei Zimmer, zwei Treppen hoch und ohne Sofa!

Um dieselbe Zeit war auch Arthur Schopenhauer auf der Rückreise von Italien in München erkrankt. Der Anfall war so heftig, daß er den ganzen Winter 1823/24 im Zimmer zubringen mußte und erst Ende April einigermaßen wiederhergestellt war. Er war dann noch so nervenschwach, daß ihm die Hände zitterten, das Gehen ihm außerordentlich beschwerlich war und der Schlaf ihn oftmals am Tage unvermutet überfiel. Dazu war ihm das rechte Ohr ganz taub.

Hier in München traf ihn ein Brief seines Jugendfreundes Friedrich Osam vom 25. Januar aus Jena geschrieben. Professor Osam[1]) war mit Adele, die ihn sehr gern hatte, durch das beiderseitige Bedürfnis über Arthur zu sprechen, wieder in Verbindung getreten; er wollte ihr helfen, den Bruder mit den Seinigen zu versöhnen. Zunächst versuchte er, eine Annäherung zwischen den Geschwistern herbeizuführen. „Wollten Sie mich versichern," heißt es in seinem Briefe an den fernen Freund, „daß Adele an Sie schreiben dürfte, so würden Sie ihrem Leben einen Haltungspunkt wiedergeben, den sie verloren zu haben glaubt... Auch Ihre Mutter

---

[1]) Friedrich Osann, 1794—1858.

habe ich gesehen und besucht, seitdem ich der Tochter wieder näher getreten bin. Ich hatte Ihnen geschrieben, daß sie einen schlagartigen Anfall gehabt hat", und er beschreibt den Zustand, in dem er sie gefunden hat. "Sie ist immer noch etwas leidend und schwächlich." Am Schluß fügt er hinzu: "Habe ich recht gehört, so verläßt Ihre Familie in diesem Sommer Weimar und bleibt den Winter über in Mannheim; so sagte mir, glaube ich, Adele."

Aber die warmen Worte und die gutgemeinten Vorstellungen des Freundes finden bei Schopenhauer keinen Widerhall. Er will die Seinen um keinen Preis sehen, und da er selbst an den Rhein gehen will, so interessiert ihn am meisten die Frage des Wohnungswechsels. "Um eine recontre imprévue zu vermeiden", schreibt er am 21. Mai, "liegt mir aber sehr daran zu wissen, ob die Damen an den Rhein gehen und wann: nun bitte ich Sie inständigst schreiben Sie mir Bescheid hierüber und zwar sogleich. Was Sie hinsichtlich meiner Schwester schreiben, ist gewiß sehr gut gemeint; allein Adele und ich wissen selbst gewiß am besten, was wir von einander zu halten haben; die Empfehlung eines Dritten kann da nichts helfen."

Trotzdem schrieb er nach einiger Zeit doch an Adele. Es war am 27. August 1824 — Adele weilte mit der Mutter zur Kur in Wiesbaden — als sie den Brief des Bruders aus Mannheim erhielt. Welchen Eindruck er auf sie machte, zeigt der Brief, den Adele am folgenden Tage an Goethe schrieb.

"Eine große, unbeschreiblich große Freude ist mir

gestern geworden", schreibt sie. „Ihnen, lieber, gütiger Vater, muß ich davon sprechen, denn hier wie überall trennt sich mein Inneres von dem Außenleben und keiner sieht den schnelleren Herzensschlag. Mein Bruder ist vollkommen hergestellt, befindet sich in Mannheim und hat mir geschrieben um eine Zusammenkunft zwischen uns in Frankfurt zu bestimmen. — Es gibt Worte, die ich von Ihnen gehört habe, die durch mein ganzes Leben hindurch tönen ohne zu verhallen; so sagten Sie mir, als ich von der Möglichkeit sprach: Du wirst dann wieder begütigend auf ihn wirken, und in dem gestörten Dasein wieder eine Art Milde hineinbringen. Und so hoffe ich zu Gott soll es sein. Ich bedarf des Gefühls jemanden wohlzutun denn in den letzten Jahren ist mir sehr weh geschehen, und oft habe ich mich unnütz oder besser sag' ich unbenutzt gefühlt. Es hat noch Niemand mir ausgesprochen, daß in meinem Wesen eine Art Begütigung liege, deren Einwirkung ein anderer empfinde. Sie sagten es, und nun ging es wieder fröhlicher durch die bunte Welt, in der ich wohl eigentlich ein Halbschatten bin." Der Brief endet mit den Worten: „Ich hoffe in drei Wochen wieder Ihrer Nähe mich zu erfreuen, denn da Arthur nun am Rhein ist und ich ihn sehen kann, gedenke ich meinen Plan, in Frankfurt den Winter zu bleiben, aufzugeben und mit der Mutter heimzukehren."

Der großen Freude Adeles über Arthurs Brief und Goethes vertrauende liebevolle Worte folgte eine Enttäuschung. Zu der Zusammenkunft in Frankfurt kam es nicht — wenigstens ist nichts davon bekannt — und auch der Briefwechsel mit dem Bruder stockte wieder für Jahre. Dazu löste sich ihre Verbindung mit Friedrich Osann. Sie sah ihn ein anderes Verhältnis anknüpfen und 1825 nach Gießen scheiden.

Dann schreibt Quandt wieder an Adele des Bruders wegen am 16. Dezember 1826. Er war in Berlin gewesen und hatte Arthur erst gesehen, ihn auch wohler gefunden als vor einigen Jahren. „Natürlich wünschte ich ihn nun auch recht glücklich zu wissen, und zu seinem Glücke fehlt ihm blos ein Gegenstand, von dessen völlig uneigennütziger Liebe er überzeugt sein und an den er sich mit vollem Vertrauen hingeben könnte... Wie mir schien, haben Sie ihn aufgegeben, und die Schwester war doch die welche zunächst und einzig das was ihm zu Glück und Heile fehlt, sein konnte. Ich habe die Tiefe dieser Wunde seines Herzens nicht ergründen wollen und ahne sie bloß. Wenn dies aber so ist, so reichen Sie ihm doch die Hand zur Versöhnung! — Ich erinnere mich, daß Sie mir einmal vor Jahren sagten, Sie könnten seine Briefe nicht lesen. Ist das nicht etwa ebenso, als wenn der Freund und Arzt sagt: Ich kann den Anblick des Leidenden nicht ertragen. Ich muß fürchten, daß auch ich Ihnen höchst mißfällig werde, allein ich glaubte es dem geliebten Freunde schuldig zu sein, dem ich die Schwester als Schutzgeist versöhnen und wieder zuführen wollte."

Im Frühjahr 1827 ging Adele ihrer angegriffenen Gesundheit wegen für längere Zeit an den Rhein. Sie blieb den ganzen Winter dort, und erst im Mai des nächsten Jahres kam Johanna auch hin, um sie mit einem kleinen Umweg durch Belgien wieder nach Weimar zurückzuholen. In jener Zeit ihrer körperlichen und seelischen Ermattung traf sie manches liebe Wort ihres väterlichen Freundes aus der Heimat. So schrieb ihr Goethe am 16. November 1827: „Möge sich Ihr liebes Innere an der herrlichen Rheinnatur in sittlicher und künstlerischer Tätigkeit zum schönsten und liebenswürdigsten wieder herstellen"; und auf ihre Klage, daß sie sich dort einsam fühle, antwortete er: „Freunde tragen dazu nichts bei. Das Herz ist für sich eine Welt und muß in sich selbst schaffen und zerstören."

Über ihre Reise zu Adele schrieb Johanna dem damals dreißigjährigen Freunde Karl von Holtei:

„Mehr als halb krank reiste ich den 20. Mai mit meiner „Griseldis" (Scherzname für ihre Bedienung) von hier ab, denn Adelens Sehnsucht nach mir ließ mir nicht Ruhe, um an mich selbst zu denken. Ich ertrug die Reise, freilich in einem sehr bequemen Wagen, weit besser, als ich es erwartet hatte, hielt mich in Frankfurt nur auf, um einige Geschäfte zu besorgen und eilte dann nach Mainz, schiffte mich ein, flog auf dem Dampfschiff mit unaussprechlichem Entzücken durch die paradiesische Gegend, und war um 3 Uhr an Plittersdorf, wo Adele meiner harrte. Wie ich an das Boot gekommen bin, weiß ich nicht. Ich hatte nach Jahre langer Trennung meine Tochter wieder, noch immer bleich und abgefallen, aber doch gesünder, lebensfrischer, heiterer, als ich sie entlassen. Unter meiner Pflege hat sie seitdem sich fast wieder ganz erholt. Zwei Monate weilte ich mit ihr in Godesberg und lebte mit ihr ein schönes Leben, in ländlicher Stille — und im Geräusch der sehr gemischten Gesellschaft, die doch manche interessante Erscheinung mir bot; immer, wie es mir gerade am gemütlichsten war, von alten und neuen Freunden umgeben, von allen Seiten verhätschelt. Dann ging's den 1. August nach Köln, nach Aachen, von dort, längs den Ufern der Maaß über Lüttich, Namür, Dinant, über das Schlachtfeld von Belle Alliance nach Brüssel, von dort nach Gent, Brügge, Antwerpen, und sodann über Malines, Louvain, Mastricht, Aachen, Köln, Bonn zurück nach meinem Godesberg, wo ich noch vierzehn Tage verweilte, und dann von Bonn per Dampf nach Koblenz, Mainz, Frankfurt in die Winterquartiere mit meiner Adele heimeilte."

Eines Nachmittags im September trafen die beiden Frauen in Weimar wieder ein; und eine Stunde nach ihrer Ankunft saß Frau Schopenhauer schon, von einem zahlreichen Kreise umgeben, auf ihrem gewöhnlichen Platz hinter der Teemaschine an dem runden Tisch. Vier Tage darauf fuhr sie mit Adele, den Lohnlakaien hinten auf vor die Türen ihrer Bekannten. „Viele waren unbarmherzig genug, mich aussteigen zu lassen.... Indessen die Visitenrunde ist überstanden, morgen früh tritt die alte Ordnung wieder ein, meine Tür bleibt den Vormittag Allen verschlossen, die ich nicht durchaus sprechen muß, und ich kehre freudig zu meiner alten Lebensweise wieder zurück, bei der ich am besten mich befinde."

Die Verhältnisse in Weimar hatten sich in der Zeit ihrer Abwesenheit noch mehr verändert. Karl August war gestorben, und der neue Großherzog befand sich noch mit seiner Gemahlin in Karlsbad. „Die verwittwete Großherzogin," schrieb Johanna, „ist sehr betrübt; aber der Kummer bekommt ihr gut; sie ist gesünder, als sie seit einem Jahre gewesen." Auch Goethe fand sie heiterer, gesünder, wohler aussehend als seit Jahren. „Er trägt den Verlust seines fürstlichen Freundes mit der allen Alten eigenen stillen Ergebung", bemerkte sie und erzählte weiter dem jungen Freunde, wieviele Bekannte in ihrer Abwesenheit gestorben seien, und daß die fast täglich eingelaufenen Todesnachrichten sie so erschreckt hätten, daß sie schon deshalb noch einmal so lange fortgeblieben wäre, als sie sich vorgenommen; „denn am Ende, dacht' ich, nimmt der Tod en compagnie mich mit weg, wenn ich in Weimar ihm so unversehens über den Weg laufe."

Das Klima am Rhein und die schöne Natur hatten aber in Johanna den Wunsch erregt, ihr Leben dort zu beschließen. Von Weimar drängte es sie und Adele nun endgültig fort. Es stand nach des Großherzogs Tode die Aussicht bevor, daß Johanna mehr noch in das Hofleben hineingezogen werden würde, da ihr der neue Großherzog sehr gewogen war. Vor dieser Ehrung fürchtete sich Johanna aus pekuniären Gründen. Dazu kam die Sorge um Adele, deren Gesundheit ein milderes Klima verlangte. „Es ist meine Pflicht zu gehen, um das Wohlsein des einzigen Wesens zu begründen, für welches zu leben mir noch vergönnt ist", schrieb sie an Holtei.

Sie schickte Adele vor, damit sie am Rhein die ersten

Einrichtungen für ihren Aufenthalt treffen sollte, sie selbst wollte Mitte des Sommers nachgehen. Der Gedanke an den Umzug erweckte in ihr ein äußerst unbehagliches Gefühl. „Mir ist hier zuweilen, als brenne der Boden mir unter den Füßen, und doch graut mir unbeschreiblich vor dem Fortgehen. Ja, wenn ich ein Vöglein wär' und auch zwei Flüglein hätt', und brauchte nicht eine ganze häusliche Einrichtung mitzuschleppen, oder dort wieder neu anzuschaffen... Wären nur die sechs bis acht Monate vorüber!" Sie riet dem Freunde (Holtei) sich seinen heitern Sinn, seinen leichten Mut nicht ausgehen zu lassen. „Ich thue beides nicht, obgleich es mir manchmal Mühe kostet."

Aber als sie dann am 11. April zum letztenmal bei Goethe zu Tisch war (mit dem Leibarzt Vogel, dem Grafen Reinhardt, Eckermann und den beiden Schwestern Ottilie von Goethe und Ulrike von Pogwisch zusammen), da war ihr doch sehr weh um das Herz, und sie dachte mit Trauer an den nahe bevorstehenden Abschied. Sie schrieb: „Erst wenn die Freunde sterben oder man sonst auf immer von ihnen getrennt wird, fühlt man recht, wie lieb man sie hatte."

Das Leben am Rhein
1829—1837.

Adele Schopenhauer weilte bereits drei Wochen in der neuen Heimat, als ihre Mutter am 2. Juli 1829 dort eintraf. Die beiden Frauen bewohnten im Sommer ein kleines Landhaus in Unkel, das dem Kölner Kaufherrn Ludwig Mertens gehörte, und brachten die ersten Winter still wie Fremde in Bonn zu. Ohne gar zu drückende Sorgen vergingen ihnen die Tage. Adele fand in Frau Sybilla Mertens-Schaaffhausen eine treue Freundin fürs Leben, die ihr in jeder Lage ein fester Halt und Schutz war, und die Mutter war mit schriftstellerischen Arbeiten sehr beschäftigt.

Im Jahre 1831 erhielt Adele von Frankfurt aus einen Brief ihres Bruders. Krank und niedergedrückt durch den Mißerfolg in seiner akademischen Laufbahn und den seines Werkes war wohl die Sehnsucht nach einem Menschen, der zu ihm gehörte, übermächtig in ihm geworden. Adele antwortete ihm herzlich und voller Freude am 12. Oktober von Bonn aus und gab ihm vierzehn Tage später ein Bild der inneren und äußeren Gestaltung ihres Lebens, seitdem sie sich voneinander getrennt hatten. „Ich fand eine Frau hier am Rhein," schrieb sie, „die mich sehr lieb hat. Sie that viel für mich und hat mich ohne Zweifel gerettet. Wir sind jedoch nicht ihretwegen hergezogen," und sie erzählte ihm von den verschiedenen Gründen, die sie veranlaßte, von Weimar fortzugehen. „Der Aufwand in Weimar war zu groß gewesen, es fanden sich Schulden, die mit sehr großen Opfern meinerseits gedeckt wurden, und es war nötig, von einem andern Anfangspunkte aus zu leben, neue Verhältnisse zu haben aus ökonomischen Gründen. Dazu kam das Klima, welches in Weimar die Mutter zu jährlichen Badereisen nötigte, die hier unnütz wurden, was eine Ersparnis war. Endlich lasteten die Erinnerungen bleischwer auf mir. Ich ging gern. Die herzogliche Familie starb, vieler Freunde Schicksal änderte sich, sie zogen weg und Weimar konnte uns nicht mehr fesseln, obschon es uns unvergeßlich lieb bleibt. — Hier nun leben wir ruhig. Ich wache etwas mehr über die Ausgaben und habe dennoch oft schwere Sorgen, mit denen ich dich jedoch total verschone.... Unsere Einrichtungen sind vernünftig gemacht, so daß ich ohne drückende Sorge durchzukommen hoffe, da die Mutter fleißig arbeitet an der Herausgabe der sämmtlichen Werke."

Auch über die Ähnlichkeit ihrer beiderseitigen Charaktere schreibt Adele dem Bruder und schließt mit den Worten: „Schreibe mir, was du willst, über dich, über Andere, über Bücher, Städte, Musik, kurz was du willst: ich werde dich herauslesen lernen, aus dem was du schreibst. Fürchte kein Spionieren; was du von deinen Verhältnissen verschweigst, werde ich nie zu erraten suchen, aus Rechtlichkeit und Faulheit. Ich glaube, es wäre gut, wenn die Mutter garnicht ahndete, daß wir uns schreiben, bin aber auch bereit, es zu sagen, wenn du es willst."

Aber Arthur richtete selbst das erste Wort an seine Mutter, nach einer Pause von achtzehn Jahren und es dauerte nicht lange, da antwortete sie ihm. Sie schrieb ihm am 6. Februar 1832, er möge bald in seine Heimat zurückkehren, da man jetzt am Rhein der Ankunft der asiatischen Hyäne (Cholera) entgegensehe. Er antwortete der Mutter, daß er jetzt nicht nach Berlin zurückkehren könne, schon deshalb nicht, weil er im Winter schwer erkrankt sei und noch krank darniederliege. Voll Sorge bat sie ihn, sich zu schonen. „Worin besteht denn eigentlich dein Übel?" fragt sie am 10. März. „Graues Haar! Ein langer Bart! ich kann mir dich garnicht so denken. Auch ist es mit dem ersten wohl nicht so arg und dem zweiten ist leicht abzuhelfen. Zwei Monate auf der Stube und keinen Menschen gesehen, das ist nicht gut, mein Sohn, und betrübt mich. Der Mensch darf und soll sich nicht auf diese Weise isolieren, er kann es nie, ohne geistig und körperlich dabei zu verlieren, und du sagst noch vollends Gottlob dazu!"

So schrieb Johanna Schopenhauer wieder an ihren Sohn, ohne Groll, aber auch ohne Anerkennung und mütterlichen Stolz, wonach er sich im tiefsten Innern doch wohl sehnte; trotz ihrer trüben Erfahrungen schlug sie wieder den lehrhaften, moralisierenden Ton an, der den trüb Gestimmten nur noch mehr niederdrücken mußte. „Was du mir über deine Gesundheit, deine Menschenscheu, deine düstere Stimmung schreibst, betrübt mich mehr, als ich dir sagen kann und darf. Du weißt, warum. Gott helfe dir und sende dir Licht und Mut und Vertrauen in dein umdüstertes Gemüt."

Als ihn widerwärtige Vermögensangelegenheiten aufregen, schreibt ihm die Mutter: „Sehr zu beklagen ist, daß dieses in deiner Erbitterung gegen die Menschen, zu denen du doch auch gehörst, dich bestärken und dich düsterer und argwöhnischer machen wird als du ohnehin es schon bist."

Es scheint, als wenn dieser Briefwechsel, ob er auch äußerlich eine Verbindung zwischen Mutter und Sohn wiederherstellte, doch keine innigen Gefühle mehr hat erwecken und keinem von ihnen zur Freude hat sein können. Arthur Schopenhauer war mittlerweile 44 Jahre alt geworden, und seine Mutter zählte deren 66. Da war die Eigenart eines jeden Charakters fest geworden.

Johanna fühlte sich am Rhein gesundheitlich wohl, und auch das Leben dort befriedigte sie. Sie freute sich jedesmal nach dem Winter wieder auf den Frühling und auf das stille Landleben im einsamen Unkel. Allerdings blieb sie der häufigen Wohnungsveränderung wegen in Bonn ziemlich fremd; kaum waren sie dort fünf Monate im Jahr; sie überlegte daher manchmal, ob sie nicht doch früher oder später das Landleben aufgeben sollte, um ganz in Bonn zu bleiben.

In steter brieflicher Verbindung mit Goethe, der namentlich Adeles Gegenwart schmerzlich entbehrte, beabsichtigten die beiden Frauen im Herbst 1831 nach Weimar zu gehen, um dort „den alten Herrn, Ottilie und die übrigen Weimaraner" wiederzusehen. Gleichzeitig sollte damit Adele die Last des Winterumzuges erspart werden; sie wollten das Frühjahr über in Leipzig und Dresden bleiben. Aber der Ausbruch der Cholera vereitelte dieses Unternehmen, und sie hofften, es im nächsten Jahre ausführen zu können. Wenn auch Johanna selbst keine Furcht hatte, so wurde ihr doch von allen Seiten abgeredet. So mußte sie schleunigst noch für ein Winterquartier in Bonn sorgen.

Dann brachte der nächste Frühling ihnen die Nachricht von dem Tode Goethes und versetzte sie in tiefe Trauer.

Im Herbst 1832 wurde die Wohnung in Unkel aufgegeben; die Sachen kamen in Kähnen nach Bonn, wo eine hübsche Wohnung mit Garten gemietet worden war.

„Da hab' ich denn recht eingesehen," schrieb Johanna an Holtei, „was man ein Thor ist, mit wievielen fast unnützen Dingen man sich belastet, die man das ganze Jahr hindurch kaum zweimal braucht."

Eine Freude aber war es ihr doch, ihm schreiben zu können, daß es um sie her aussieht „fast ganz wie in Weimar". Dorthin zog es immer wieder ihr Herz, dort weilten ihre Gedanken und Erinnerungen. Dort, wo sie im Kreise hochgestellter Freunde über zwanzig schöne Jahre gelebt hatte. Dazu kam das Alter. Es färbte ihre Haare schneeweiß, und wenn auch ihr Humor und ihre lebensfrohe Stimmung sie bis zum letzten Tage ihres Lebens nicht verließen, so war sie sich doch darüber klar, daß sie nur wenig noch zu verlieren und auf keinen Erfolg mehr zu hoffen hatte, sondern sich mit der Erinnerung begnügen mußte. Auch könnte es ihr in mancher Hinsicht viel viel besser gehen, berichtete sie an Holtei, doch würde sie sich davon nicht anfechten lassen, solange sie nur gesund bliebe. Im Winter 1833/34 quälte sie viel ein böser Husten. Sie mußte mehrere Wochen das Haus hüten und mildere Witterung abwarten, um das Übel ganz los zu werden, dessen ersten Grund sie gelegt hatte, wie sie meinte, durch das jahrelange laute Sprechen mit ihrem schwerhörigen Manne.

Johannas äußere Verhältnisse wurden in den letzten Jahren ihres Lebens immer ungünstiger. Sie klagte das ihrem Freunde Holtei. In einem Briefe, den sie nach längerer Pause am 8. Dezember 1835 an ihn richtete, schrieb sie: „Warum ich in so langer Zeit kein Lebenszeichen Ihnen gegeben habe? Ja, wüßte ich das!... — Die Hauptsache ist wohl, ich liege nicht auf Rosen. Hätt' ich nur etwas Fröhliches, Glückliches Ihnen mitzuteilen, da würde ich schon schreiben. Aber klagen mag ich nicht, und leider scheint der Abend meines Lebens sich nicht heiter gestalten zu wollen. Ach ich möchte ebenfalls mit dem alten Falstaff rufen: Ich wollte es wäre Schlafenszeit, und Alles vorüber!

Lange wird es wohl ohnehin nicht mehr dauern. Gesund bin ich übrigens, so wie Sie mich immer gekannt haben, aber im siebzigsten Jahre."

Da gewährte ihr im Jahre 1837 ihr geliebter Großherzog eine Pension und ermöglichte ihr dadurch die Erfüllung ihres letzten Wunsches, unter ihren alten Freunden und Umgebungen „ausleben" zu dürfen. Sie konnte in ihre zweite Heimat, in ihr geliebtes Thüringen zurückkehren und beschloß, Jena zu ihrem Aufenthalt zu wählen.

Ein letzter Brief an Holtei vom 17. August 1837 berichtet darüber:

"Auch mein Leben nimmt eine andere Wendung," schrieb ihm Johanna, "hoffentlich die letzte vor der großen, die uns Allen bevorsteht, und der ich in meinem 72. Jahre wohl sehr nahe bin, obgleich ich mich, ein wenig Lahmheit abgerechnet, so wohl als jemals befinde.

In vierzehn Tagen gehe ich nach Jena, um dort auszuleben. Ich bin vom Großherzog auf eine Weise dazu aufgefordert, der zu widerstehen Thorheit wäre!"

Aus dieser Zeit in Bonn sind mir von der Universitätsbibliothek in Jena zwei ungedruckte kurze Briefe Johannas Schopenhauers freundlichst zur Verfügung gestellt worden. Der erste ist an Ulrike von Pogwisch gerichtet, als sie sich auf der Reise in Bonn befand, der andere an Ottilie von Goethe in Weimar. Ich lasse sie hier folgen.

Donnerstag, 21. April.

Meine arme Adele leidet heute einmal wieder an Nervenkopfweh, das hoffentlich morgen überstanden seyn wird, deshalb bewillkomme ich Dich in unsrer beider Name, mit herzlicher Freude.

Der Bediente, der diese Zeilen Dir übergiebt, steht ganz zu Deinem Befehl, um Dir alle jene kleinen Dienste zu leisten, die man bei der Ankunft von einer Reise nicht wohl entbehren kann. Ich bitte Dich ihm zu erlauben Dich zu uns zu führen, um wärend Deines Aufenthalts in Bonn bei uns zu wohnen, damit wir doch etwas davon haben. Es thut Adele sehr leid, daß wir diese Einladung nicht auch auf Madam Jameson ausdehnen können, aber unsre Einrichtung erlaubt es nicht, mit Dir ist das ein Andres, Aurikelchen war ja von jeher bei mir das Kind vom Hause, und nimmt vorlieb. Ich hoffe Md. Jameson wird uns die Ehre ihres Besuches gönnen, wenn gleich sie nicht bei uns wohnt. Und nun, komm', komm' liebes Herz

Johanna Schopenhauer

Ich kanns nicht lassen, liebste Tiele, ich muß Dir selbst sagen, welche Freude Du mir mit dem wunderschönen Korbe gemacht hast. Adelen habe ich zwar erlaubt, einstweilen ihre in meinem Zimmer herumliegenden Sachen hineinzulegen aber mein Anrecht habe ich mir vorbehalten, und halte streng darauf, macht sie sich einmal zu mausig, so werfe ich sie dictum factum, nicht zur Thüre, sondern zum Korbe heraus.

Der Unfall Deiner Mutter hat mich recht betrübt, Gott sei Dank daß es noch so abgelaufen ist; wenn ich bedenke wie es hätte werden können gerinnt mir das Blut in den Adern. So ein Unglück fehlte uns noch! Ich habe eine Menge Bitten, oder vielmehr Erinnerungen an schon ausgesprochene Bitten die ich durch Dich ihr ins Gedächtniß rufen möchte, wenn Du dazu einen guten Augenblick findest (1 um etwas weniges Aurikel-Saamen, den von beiden Sorten, der recht gut in einen Brief an mich oder Adelen gelegt werden kann. Dann um französische Bücher, welche die Mutter mir zu gutem Preise zu verschaffen hoffte. Als, les Barricades, les Etats de Blois, und das Dritte dazu gehörende Buch, dessen Titel ich vergessen habe, auch die Theaterstücke, der Dame, die eigentlich ein Herr ist, Clara Guizot nennt sie sich glaube ich.

Dein de Vere nebst meinem schlechten Portrait, und meinen neuen Novellen sind längst abgegangen, mit Buchhändlergelegenheit, was eigentlich eine Schneckenpost ist, jetzt werden sie hoffentlich in Deinen Händen sein. Durch Frommann könnte Deine Mutter mir auch die französischen Bücher auf die nehmliche Weise zukommen lassen. Eile hat es damit doch nicht, und der Transport kostet wenig oder gar nichts.

Mit wahrer Betrübniß lese ich in der Zeitung das Graf Vaudreulle nach München kommt, Du arme gute Ottilie, muß auch diese Freude Dir sobald entrissen werden!

Lebe wohl, Du liebes Herz, grüße die Mutter, Ullre, die Kinder, und auch, wenn sie meiner noch freundlich gedenkt, Deine Grosmutter, auf das allerherzlichste von mir

Die Alte

J. Schopenhauer

Johanna Schopenhauers Briefe an Karl von Holtei.

Als Johanna Schopenhauer Holtei kennen lernte — 1827 — war sie 61 Jahre alt und Holtei dreißig Jahre jünger. Trotzdem wurden beide nach einem gemeinsamen zweitägigen Ausfluge nach Jena im nächsten Jahre bei ihrer Rückkehr „mit gutmütigem Spott überschüttet wegen ihres zärtlichen Verhältnisses".

Tatsächlich aber sind sich diese beiden Menschen geistig und seelisch so nahe getreten, daß daraus eine Freundschaft fürs Leben wurde; nichts konnte sie erschüttern, keine Entfernung, kein längeres Schweigen des einen oder des anderen das feste Vertrauen stören, das zwischen ihnen bestand. Johanna fand noch einmal einen Freund, wie sie ihn brauchte: klug, voll Vertrauen zu ihr, voll unbegrenzter Ergebenheit. Das Bewußtsein, einem lieben Menschen so viel wert zu sein, stützte sie und verschönte ihr die letzten zehn Jahre ihres Lebens. Über ihren Verkehr mit Holtei schreibt Heinrich Düntzer:

„Sie öffnete ihm ihr ganzes Herz und zog ihn durch ihre reine, seine Schwächen liebevoll tragende, auf vollem Verständnis beruhende Zuneigung an. Die kränkliche, alte, durch manchen Kummer belastete Frau, die am liebsten in ihren vier Pfählen blieb, fühlte jetzt, wo der Umgang mit Goethe nur sehr beschränkt sein konnte, ein wahres Bedürfnis, sich gegen den dreißig jährigen dichterisch begabten, sinnlich glühenden Mann auszusprechen, der schon ein bewegtes Leben hinter sich hatte, deffen Beichtigerin und Beraterin zu werden."

Johanna Schopenhauer war Holtei eine treue Freundin und war sich deffen auch bewußt. Als sie den Plan erwog von Weimar fortzugehen, schrieb sie ihm: „Halten Sie mich nicht für eitel, wenn ich sage, daß auch Sie an mir verlieren. Daß mein Fortgehen Ihnen wehe tun wird; daß Sie meine Nähe entbehren werden, welche Ihnen die Aussicht in Weimar zu leben vielleicht in angenehmerem Lichte erscheinen ließ.... Auch Ihre freundliche Nähe würde mein Leben wieder erfrischen, erheitern, guter Holtei. Ich und Sie wissen ja, was wir von einander haben.... Und bin ich erst am Rhein eingerichtet und in Ordnung, so lasse ich mit Bitten nicht nach, bis Sie kommen, mich zu besuchen, Sie mögen auch leben, wo Sie wollen. Auf immer von Ihnen Abschied nehmen kann und will ich nicht."

Über die Vorträge, die Holtei damals (1828) in Weimar gehalten hatte, fand sich bald darauf im Konversationsblatt eine anonyme, sehr günstige Besprechung. Sie war von Johanna Schopenhauer, dem Freunde zuliebe geschrieben. Doch wünschte sie nicht, daß andere dies erführen und antwortete daher auf eine diesbezügliche Frage, es könne wohl der alte Präsident Motz gewesen sein. „Ich wurde dabei über und über rot," schrieb sie dem Freunde; „denn mit Lügen weiß ich noch nicht recht umzugehen; zum Glück aber saß ich den Rücken gegen das Fenster."

Im Januar 1829 bat sie ihn, daß er sie noch einmal in Weimar besuchen möchte. Für den Spätsommer empfahl sie ihm Unkel, anderthalb Stunden von Bonn, wo eine gewisse Johanna ein artiges Landhaus in einer der schönsten Gegenden am Rhein sich gemietet hat, welches sie Anfangs Juli beziehen wird, und wo sie in ländlicher Abgeschiedenheit den größten Teil des Jahres zuzubringen, nur auf etwa vier Wintermonate nach Bonn zu gehen gedenkt. Dort, mein Freund, sollten Sie ein Stübchen bekommen, und den ganzen Tag gepflegt werden und gehätschelt, wie ein verzogenes Kind, solange Sie in der Stille und Ruhe nur ausdauern können. — Fürs Erste aber kommen Sie doch nach Weimar.... Wir leben hier stille und schwarz wie die Mäuse, besonders ich; Schlittenfahrten, bei denen die Heerde junger, sehr junger Engländer, die wir haben, die Hauptrolle spielt, haben wieder einiges Leben gebracht, woran ich und Adele nicht Teil nehmen. ..... Theater ist jetzt viermal die Woche. .... eigentliche Bälle gibt es der Trauer wegen, die bis Anfangs April so tief bleiben wird, noch garnicht. Am Hofe wird, außer Sonntags, wenig Gesellschaft gesehen, große Thees sind selten!

Als im Theater Holteis Stück „Lenore" aufgeführt wurde, war zwar nicht Johannas Theatertag; aber sie nahm doch einen Platz in einer Loge, dicht neben der fürstlichen, in der die Prinzessin Auguste, spätere Kaiserin von Deutschland, saß und folgte aufmerksam, von lebhaftem Interesse bewegt, der Aufführung. „Sie glauben nicht, wie ich mich darüber gefreut habe," schrieb sie. „Ich saß Anfangs mit Herzklopfen da, fast wie ein junger Autor, dessen Erstling gegeben wird. Als das Herzklopfen aufhörte, trat mir sogar ein paar Mal das Wasser in die Augen; das will, wie Sie wissen, bei mir nicht wenig sagen. Es ist fast aller Welt so gegangen... Sie haben eine seltsame Art, ehe man es sich versieht, Saiten zu berühren, die in allen Herzen wiederklingen."

Auch manches andere Sympathische und einfach Natürliche kommt in diesen Briefen Johanna Schopenhauers zu Wort.

„Wie gut kennen Sie mich," schrieb sie am 19. Februar desselben Jahres. „Wie so ganz haben Sie mein Schweigen über ein Gerücht verstanden, das freilich auch mir von allen Seiten zugetragen wurde. Ich wußte ja, daß Sie mir Alles sagen würden, sobald Sie mir etwas zu sagen hätten. Neugier ist nicht Freundschaft, und von jeher war mir nichts verhaßter, als jene zudringlichen Freunde, die da wollen, man soll ihnen Dinge vertrauen, über die man mit sich selbst noch nicht im Klaren ist, die man sich selbst kaum gesteht. Daß niemand herzlicheren Anteil nimmt an Allem, was Ihnen widerfährt, als ich, das wissen Sie, wie ich von Ihnen weiß, daß Sie ebenso für mich empfinden. Wir beide können uns fest auf einander verlassen, und das ist ja die Hauptsache. Alles Uebrige ist vom Uebel. Morgen also lesen Sie zum letzten Mal und dann kommen Sie, vielleicht schon in künftiger Woche. Wie ich mich darauf freue, glauben Sie nicht. Es wäre hart, wenn auch diese Freude mir zu Wasser würde."

Am 25. August schrieb sie dem jungen Freunde schon aus Unkel, wie schwer ihr der Abschied von Weimar geworden sei. „Von zweiundzwanzigjährigen Gewohnheiten zu scheiden; von den vier Mauern, in denen man so viele trübe und frohe Stunden verlebte, obendrein in meinem Alter — es ist kein Kleines, lieber Freund. Aber so, wie meiner Meinung nach die Besorgung der Trauer und des Begräbnisses eines abgeschiedenen theuern Wesens uns (freilich etwas gewaltsam) über den ersten furchtbaren Schmerz hinaus hilft, so half mir das Geräusch des Einpackens, die körperliche Ermüdung, und so mancher kleine unvermeidliche Aerger über die letzten Tage hinaus, die ich sonst völlig unerträglich gefunden haben würde. Enfin, ich bin seit dem zweiten Juli hier, gesünder und heiterer, wie ich seit Jahren nicht gewesen. Ich kam hier eben auch nicht gleich auf Rosen zu liegen. Es sah bei uns ungefähr aus wie es vor der Schöpfung in der Welt ausgesehen haben mag. Meine arme Adele war drei Wochen vorher eingezogen, Haus und Garten ward in der unbeschreiblichsten Unordnung gefunden und mit größter Anstrengung war's ihr doch nicht gelungen, mir gleich für den Anfang einen nur einigermaßen leidlichen Aufenthalt zu bereiten. Dazu kam das fürchterliche Wetter dieses niederträchtigen Unsommers, dessen gleichen ich noch nicht erlebt habe. Vierzig Tage lang strömte der Regen, wütheten Sturm, Donner und Blitz, und jetzt ist es, einige wenige Tage ausgenommen, noch nicht viel besser damit geworden. Ich hoffte auf einen schönen Herbst, aber eine ordentliche Weinlese wird es schwerlich geben, obgleich die Reben unter der Last der Trauben fast sinken. Jetzt ist endlich Ordnung bei uns. Unser Haus ist von außen sehr häßlich, von innen sehr nett und bequem. Mein Wohnzimmer sieht genau wie das in Weimar aus, wo wir Beide so manche schöne Stunde mit einander saßen. Alle meine Meublen, die ich dort um mich stehen hatte, stehen darin. Stühle und Tische, Gemälde und Spiegel; ich konnte mich von den alten Freunden nicht trennen, obgleich sie mir große Reisekosten gemacht haben. Als ich meine Uhr zum ersten Mal wieder schlagen hörte, war ich ordentlich gerührt über die altbekannte Stimme. Ihnen darf ich so etwas sagen, Andere würden es kindisch finden... Die Gegend ist eine der schönsten, die ich kenne. Ich habe einen Garten, der mir unsägliche Freude macht, voll der herrlichsten Obstbäume, Spargel-, Erdbeerbeete, Aprikosenbäume, wie bei uns die großen Birnbäume, und vor dem Hause eine nicht große, aber sehr hübsche englische Gartenpartie mit ein paar schattigen Lauben, prächtigen Platanen, Ahorn und eine Menge fremder Sträucher und Bäume, die ich nicht zu nennen weiß. Blumen werden künftiges Jahr kommen. Der Garten ist von meinen Vorgängern sehr vernachlässigt worden, desto mehr Freude macht es mir jetzt Alles darin nach Lust und Willen zu ordnen. Ich bin viel im Freien und das thut meiner Gesundheit unbeschreiblich wohl. Einsam sind wir, das ist wahr, mir aber, der Abwechselung wegen durchaus nicht zuwider. Das Wetter ist schuld, denn wir haben in der Umgegend viele Bekannte, doch der ewige Regen, die Gewitter, die Stürme heben fast alle Communication auf. Im nächsten Monate wirds in Unkel selbst lebhaft genug werden, mehrere Kölner Familien haben hier ihre Landhäuser, die sie erst von September an bis Anfangs November bewohnen, was mir ganz recht ist, denn während der langen Abende ist es angenehm eine gesellige Nachbarschaft zu haben. Anfangs November ziehen wir auf vier Monate ungefähr nach Bonn, wo ich einstweilen nur eine Art Absteigequartier mir gemiethet habe. Ich will erst als Fremde dort leben und sehen, wie mir die Leute gefallen, eh' ich mich förmlich niederlasse. Koblenz, Neuwied, Köln, Düsseldorf, liegen auch nicht weit entfernt, der große Strom erleichtert jede Verbindung, und ich kanns ja folgenden Winter in einem dieser Orte probieren, wenn mir Bonn nicht gefallen sollte, was ich aber doch nicht glaube."

Sie arbeitete in dieser Zeit an der „Reise nach Flandern und Brabant", die um Ostern bei Brockhaus herauskommen sollte und schrieb daneben ein paar Erzählungen für Taschenbücher, die sie selbst nicht besonders hoch schätzte. Doch hatte sie die Absicht, wieder etwas Bedeutenderes zu unternehmen, wenn sie erst ganz eingewohnt sein würde. Mit offenen Sinnen betrachtete sie auch hier das Leben um sie herum; ein Brief vom Aschermittwoch 1831, den sie in Köln begonnen hatte, erzählt, daß sie sogar zum lustigen Fasching nach Köln gefahren wäre, „denn einmal im Leben mußte ich doch eine ganz toll gewordene Stadt sehen". Sie habe sich dort alles Lustige angesehen und auch mitgemacht, soweit es ihr lahmes Bein erlaubte, und muß ihm berichten, „daß ich mit Narren ein Narr war, drei volle Tage lang, und daß ich endlich an diesem frommen, der Reue und Buße geweihten Tage in mich ging, meine Sünden bedachte, die hauptsächlich in Unterlassungssünden bestehen; daß Sie dabei mir schwer aufs Herz fielen..." „Unterlassen habe ich Ihnen zu schreiben, lieber Freund, das ist nicht zu leugnen. Aber wahrlich nicht, weil ich Ihrer vergaß. Glauben Sie fest, ich hänge an Ihnen mit einem alten treuen Herzen und werde nie aufhören, Sie als einen meiner geliebtesten Freunde zu betrachten, an Allem, was Sie betrifft, Antheil zu nehmen, als wären Sie mein Bruder oder Sohn; und Ihnen mit Rat und Trost beizustehen, soviel ich immer kann. Denn mehr zu thun steht leider nicht in meiner Macht."

Einmal schrieb Johanna ihm, wenn selbst zehn Jahre vergingen, ohne, daß sie ihm ein Lebenszeichen von sich gegeben hätte, so würde sie doch ohne Scheu am Neujahrstage des elften Jahres sich ihm wieder nähern. Denn sie sei davon überzeugt, er nähme sie auf, als wären die stummen zehn Jahre nicht gewesen. So würde auch sie sich im umgekehrten Falle verhalten. Und ein andermal: „Daß Sie so fest im Glauben an mir halten... das, guter treuer Freund, lohne Ihnen Gott! Es ist meine große Freude, eine Art von Triumph, der mich tröstet, wenn ich wieder einmal mit meinem Vertrauen in Menschen recht derb angerannt bin, was mir unerachtet meines „höchstverständigen" Alters, und mancher sehr harten Erfahrung zu oft widerfährt und gelegentlich alle Tage widerfahren könnte. Recht ehrlich sage ich es Ihnen jetzt gerade heraus: Sie waren, seit ich Sie kenne, mir immer von Herzen lieb, wurden mir

---

[1]) 8. Dezember 1835. Briefe von Holtei.

immer lieber, seit Ihrem Briefe aber, der eben vor mir liegt, wüßte ich, Adelen ausgenommen, Niemand über und Einem, höchstens Zweien den Platz neben Ihnen einzuräumen. Sie sind eine seltene Erscheinung, lieber Freund, und ich weiß diese anzuerkennen. Damit Punktum!"

Holtei war der so viel älteren Frau nicht nur ein treuer Freund, so lange sie lebte; er bewahrte ihr seine Freundschaft auch bis zu seinem eigenen Lebensende. Im Alter von einundsiebzig Jahren gab er — 1869 — ihre Briefe heraus, soviel er deren noch hatte, und die Worte, die er in dem Vorwort ihnen zum Geleit gibt, kennzeichnen seine Gesinnung ihr gegenüber; sie zeigen, wie hoch er Johanna Schopenhauer stellte. Er sagt: „Aus jeder Zeile spricht das Wesen der lieben, guten, klugen, freisinnigen Frau, redet rein menschliches Wohlwollen, herzliche Gesinnung, ausdauernde Freundschaft für einen, wenn auch solcher Gaben kaum würdigen, doch nicht minder dankbar getreuen Freund, der jetzt, alt und lebensmatt, am offenen Grabe stehend, diesen Kranz aufs Grab der Vorangegangenen niederlegt."

Johanna Schopenhauers letzte Lebenstage.

Johanna Schopenhauer.

So war Johanna Schopenhauer, nach achtjährigem Aufenthalt in Bonn, mit ihrer Tochter wieder dahin zurückgekehrt, wo sie die glücklichste Zeit ihres Lebens zugebracht hatte, nach Thüringen in die alten Umgebungen. Mit Dankbarkeit gedachten sie des schönen Rheinlandes, das ihnen die Jahre der Ruhe und Zurückgezogenheit so angenehm erleichtert hatte; aber mit tiefer Freude begrüßte Johanna hier doch wieder das Bekannte, Altgewohnte, das ihr um so wertvoller war, als das hohe Alter ihr große Geselligkeit unmöglich oder doch zum mindesten sehr beschwerlich machte.

Im Dezember 1837 bot sie Cotta ihre Memoiren zum Verlag an und legte die Handschrift des ersten Bandes zur Ansicht bei. In einem spätern Briefe schrieb sie, der dritte Band, der ihr Leben in Weimar enthalte, werde der interessanteste sein. „Meine Verbindung mit Goethe, Wieland, Zacharias Werner, Bettina und so vielen andern, die hier zu nennen zu weitläufig wäre," fuhr sie fort, „werden mir Stoff genug zu zahlreichen Genrebildern geben, den ich zu benutzen nicht unterlassen werde. Furcht kenne ich nicht; denn mit siebzig Jahren, was hat man da noch viel zu fürchten? Aber auch vor Klatschereien, wie sie jetzt Mode sind, will ich mich hüten; treu und wahr will ich sein, aber weder bissig noch giftig."

Leider ist nur der erste Teil der Selbstbiographie beendet worden. Er führt den Titel: „Jugendleben und Wanderbilder". Von den anderen Teilen ist nur das Schema erhalten; seine Notizen sind nur Überschriften zu ungeschriebenen Kapiteln geblieben.

Wie schon erzählt, hatte Johanna schon in Bonn an Husten gelitten; auch Kurzatmigkeit war dazu gekommen, und die Ärzte hatten Brustwassersucht befürchtet. In Jena bestand sie indessen den Winter 1837/38 sehr gut, fühlte sich viel kräftiger und nahm auch teil an gesellschaftlichen Freuden. In stillen Stunden arbeitete sie an ihrer Biographie und versetzte sich dabei noch einmal in die Zeit ihrer Kindheit und Jugend, die ihr so viele heitere Erinnerungen zurückgelassen hatte. Mit diesen Denkwürdigkeiten ihres Lebens wollte sie ihre literarische Tätigkeit beschließen.

Da nahm ihr der Tod die Feder aus der fleißigen Hand.

Gegen Ostern 1838 fesselte sie eine ungefährlich scheinende Erkältung an das Zimmer und am 16. April, nachdem sie gegen zehn Uhr, wie zum gewöhnlichen ruhigen Schlaf eingeschlummert war, machte ein Nervenschlag ihrem Leben ein Ende.

„Unerwartet und ungeahnt," erzählt Adele, „überschlich sie der Tod wie ein längerer Schlummer; sie legte die Feder nieder und entschlief in der Nacht des sechzehnten April schmerzlos, ohne Vorgefühl ihrer Auflösung." Weiter fügt sie hinzu — und es dürften diese Worte der Tochter, die sie im Alter von zweiundvierzig Jahren über ihre Mutter sprach, wohl wegweisend sein für deren richtige Beurteilung: „Meiner Mutter Charakteristik liegt in fast allen ihren Schriften zu Tage; sie ließ alles Äußere ruhig auf sich einwirken und blieb dennoch im Innern sich gleich; sie ertrug unendlich viel Schweres ohne Klage, und genoß alles Gute, was ihr das Dasein bot, mit dankbar heiterm Gemüth. — Als hätte der Tod die Anmuth ihrer ganzen Existenz geschaut, nahte er mit leiser schonender Hand, und fast könnte man sagen, sie sei mit einer heitern Lebenshoffnung auf den Lippen gestorben."

Auf einer Anhöhe Jenas, in der Nähe der Schillerstraße, liegt der alte Friedhof der Stadt. Dort ruht Johanna Schopenhauer. Klein und dürftig ist der Stein, der sie bedeckt, gemessen an den großartigen Denkmälern, welche in heutiger Zeit den Verstorbenen gewidmet werden. Der Wechsel der Jahre hat ihn grün gefärbt. Aber deutlich ist in großen Buchstaben die Inschrift zu lesen:

Johanna
Schopenhauer.
Geb. d. 9. Jul. 1766.
Gest. den 16. Apr. 1838.

Am Fußende des Steines ist ein fliegender Schmetterling abgebildet.

An einem sonnigen Herbsttage stand ich an diesem Grabe. Wunderschöne gelbe Rosen blühten rund umher; große Lebensbäume umgaben es, Tannen und alte Taxusbäume, deren dunkles Grün die rotfarbigen Blätter des wilden Weines durchzogen. Der hohe Turm der evangelischen St. Johanniskirche schaute über die Bäume herab auf das unscheinbare Grab, und von unten schimmerte durch die leuchtenden Herbstfarben von Blumen und Laub das alte Mauerwerk der kleinen katholischen Kapelle. Auf den lieblichen Fluren Jenas und den sie begrenzenden sanft ansteigenden Bergen lag der Glanz der scheidenden Sonne. Die letzte Ruhestätte Johanna Schopenhauers war umgeben von der Welt in der friedlichen, sonnigen Schönheit, die zu empfinden und zu genießen ihr jederzeit Lebensnotwendigkeit gewesen war.

———

Freunde und Gegner Johanna Schopenhauers aus ihrer Zeit.

Es ist leicht zu verstehen, daß Johanna Schopenhauer neben ihren vielen Freunden auch Gegner hatte. Schon daß sie aus dem Kreise der Frauen heraustrat und eine hervorragende Stellung in dem öffentlichen Leben einnahm, wie man es bisher doch nur von fürstlichen Frauen gewohnt war, und daß sie so lebhaftes Interesse für geistige Anregung hatte, genügte vielen, um sie abfällig zu beurteilen. Ja, Düntzer erzählt, daß sie schon in den ersten Tagen ihres Aufenthalts in Weimar von einzelnen ihrer nächsten Bekannten, wie Frau Riedel, mit Neid angesehen wurde. Und doch hatte sie da noch nichts weiter getan, als andern geholfen und gegeben.

Die vornehmen, adligen Damen Weimars, unter ihnen Frau von Schiller und Frau von Wolzogen hielten sich geflissentlich fern von den Abendgesellschaften der Hofrätin Schopenhauer; und als deren erste Arbeiten erschienen, schrieb Frau von Schiller an die Prinzessin Karoline, die Johanna Schopenhauer auch nicht besonders geneigt gewesen sein mag, am 10. Oktober 1810[1]): „Goethes Freundin ist auf einmal Schriftstellerin geworden, und wir sind erstaunt, daß sie so hübsch erzählt, ob ich wohl glaube, daß sie, da sie ein so gutes Gedächtnis hat, noch vieles von ihm selbst so wörtlich

---

[1]) Düntzes Abh., S. 184.

behalten hat." — Dies soll wohl eine Stichelei darauf sein, daß man Johanna selbständige Gedanken nicht zutraute, sondern meinte, ihre Darstellungen seien den Gesprächen Goethes entlehnt.

Wilhelm von Humboldt und seiner Gattin war Johanna Schopenhauer geradezu unangenehm. Als Humboldt im November 1808 den kranken Fernow besuchte, schrieb er an seine Frau: „Fernows Frau ist vor einem Jahre gestorben. Sie hat das traurigste Schicksal gehabt, sie war ganz fremd in Deutschland geblieben, und auch ihr Mann hatte sie sozusagen verlassen, da er den ganzen Tag bei einer Madame Schopenhauer war, bei der er auch jetzt wohnt, und die eine von den Damen sein soll, die alle Wissenschaft verschlingen wollen." Etwas später, am 9. Januar 1809 schreibt er: „Mir ist sie durch Figur, Stimme und affektiertes Wesen fatal; aber Goethe versäumt keinen ihrer Thees, die sie zwei Mal alle Wochen gibt. Nur die Wolzogen und ich haben ihn ein paar Mal untreu gemacht." Darauf antwortete ihm Frau von Humboldt am 22. Februar 1809: „Die Madame Schopenhauer hasse ich ordentlich. So eine breite, gelehrte Dame ist ein Greuel."

Ebenfalls war der Philologe Franz Passow ihr wenig freundlich gesinnt. Während er 1808 in einem Briefe an Heinrich Voß noch von der „gewandten und unterhaltenden, geselligen Hofrätin Schopenhauer" spricht, schrieb er 1809 an Frau von Voigt: „Das einzige langweilige Verhältnis, die Bekanntschaft mit der Schopenhauer, hat die vielgewandte Frau selbst auf die drolligste Weise erleichtert. Ich sehe sie fast gar nicht, außer, wenn sie mich holen läßt und etwas von mir haben will. Denn für entsetzlich gutwillig usw. hält ihr tiefer Blick mich gewiß." Und ein Jahr später berichtete er an Voß: „Sie wissen wohl, daß die bewegliche und geschwätzige Madame Schopenhauer alle Winter gewisse Repräsentationstees hält, die sehr langweilig sind, besonders seit Fernows Tod; zu denen sich aber alles Gebildete oder Bildung Vorgebende drängt, weil Goethe häufig dort zu sehen war." Auch er selbst, Passow, besuchte aus diesem Grunde die Abende, „selbst wenig teilnehmend, weil der ewig mit aufgesperrtem Maul lachende und jachternde frivole Ton des Tees nicht in mein Fach gehört."

Auch Frauen aus Johanna Schopenhauers Verkehrskreise beklagten sich über sie. In ihren „Erinnerungen" erzählt zum Beispiel die Malerin Luise Seidler aus dem Sommer 1810, daß sich ein ziemlich zahlreicher Kreis ihrer intimen Freunde, darunter auch Johanna Schopenhauer, für einige Wochen in Dresden zusammen gefunden hatte. Auch Goethe kam mit Dr. Riemer auf dem Rückwege von Karlsbad dazu und blieb einige Tage. Goethe war zu der damals vierundzwanzigjährigen Luise Seidler sehr liebenswürdig. Er besuchte sie mehrmals, ermunterte sie in ihren Arbeiten und zeichnete sie überall aus. Vielleicht hat sich dabei eine gegenseitige Eifersucht der beiden Frauen eingefunden; Luise Seidler gibt in einem Briefe an Pauline Gotter

---

[1]) Luise Seidler, Erinnerungen, herausgegeben von H. Uhde.

ihrem Ärger Ausdruck, daß auf der Galerie, namentlich durch die Schopenhauer, seit einiger Zeit ein „unausstehliches Kabalieren herrsche, um die interessantesten Menschen, als Kügelgen usw. an sich zu ziehen. Mir hat das manchmal ordentlich weh gethan, denn die Menschen vergessen alles über ihre kleinliche Selbstsucht." Und am 4. Januar 1811 schreibt sie ihrem Freunde Schröder über jene Zeit: „Man hat mir oft sehr wehe gethan, besonders die Schopenhauer. Kein Tag verging, wo sie mich nicht durch Worte oder Mienen zu kränken suchte. Goethe erschien mir da als ein rechter Schutzengel und Rächer."

So mag der hochfahrende Ton, der von Jugendbekannten Johannas als ihr eigentümlich bezeugt ist, durch die Erfolge, deren sich ihre Talente in gesellschaftlicher und literarischer Beziehung erfreuten, nicht herabgestimmt worden sein. Von Kindheit an durch besondere Beachtung und Freundlichkeiten verwöhnt, war sie der Schmeichelei leicht zugänglich, und in welcher Weise ihr diese zuteil wurde und mit den Jahren zunahm, zeigt am besten ein Wort Adeles, das sie am 21. Juli 1821 in ihr Tagebuch schrieb. Es heißt da: „Wie mich das anekelt, wenn das Gesellschaftsgesindel meiner Mutter nachsetzt, um sie einem Wunder gleich, zu besehen!" Johanna war damals auf dem Gipfelpunkt ihrer Berühmtheit; ihr Roman „Gabriele" war soeben erschienen.

Stärker als die bisher angeführten Äußerungen könnten dem ersten Anschein nach die Vorwürfe ihrer Schwester Julie Trosiener Johanna belasten. Diese Julie, die mit ihrer Mutter zusammen in dürftigen Verhältnissen lebte, beschwerte sich in ihrem und der Mutter Namen im Jahre 1814 aufs heftigste über die ungerechten Anklagen und Beschuldigungen Johannas und schloß ihren Brief an sie mit den Worten: „Sollten wir mehrere solcher Briefe von Dir erhalten, die Mutter und ich würden zugrunde gehen." — In Anbetracht der innigen Liebe zu den Ihrigen, wie sie Johanna beim Erzählen ihrer Jugendgeschichte kurz vor ihrem Tode begeistert schildert, könnte es befremden, daß sie sich durch ihr Verhalten zu Mutter und Schwester solche Vorwürfe zuziehen konnte. Man muß aber bedenken, daß Johanna einundsiebzig Jahre alt war, als sie von ihrer Kindheit und Jugend berichtete, und daß die Erinnerung auch ihr vorwiegend das Frohe und Schöne jener Zeit nicht nur festgehalten, sondern noch vergrößert und verklärt hatte. Außerdem aber trennt das Leben mit seinen Eindrücken in spätern Jahren oft auch die innerlich voneinander, die sich einst ganz nahe standen.

So war es wohl hier der Fall. Schon im Jahre 1807 korrespondierte Johanna mit ihrem Sohne über ihre Familie in Danzig, daß sie mit deren Verhalten nicht einverstanden war und es scheint, als hätte er ihr da durchaus zugestimmt und sei derselben Meinung gewesen. Man erkennt das aus dem folgenden Brief Johannas, wenn auch die darin vorkommenden Anspielungen nicht ganz verständlich sind. Sie schrieb ihm am 30. Januar 1807: „Ich habe mit Deiner matante schon vorher ein Einsehen gehabt, ehe ich deinen Brief erhielt, und habe ihr durch die Finger gesehen, du haft recht, es ist, wie du sagst, und so laß sie doch auch einen kleinen Spaß haben. Der Doktor kommt freilich nicht viel zur Mutter, aber sie sind selbst schuld, du glaubst nicht, wie sie ihm mitspielen, indessen will ich auch nicht behaupten, daß er gar keine Schuld habe. Gottlob, daß ich klug genug war, mich aus allen ähnlichen Familienverhältnissen zu ziehen, ich kann dem Unwesen von ferne zusehen, und ich fühle täglich mehr, wie sehr alles dies kleinliche Tun und Treiben mein eigentliches besseres Sein zerstören würde."

Als Danzig durch die Kriegsereignisse schwer heimgesucht wurde, machte sie sich Gedanken um das Schicksal der Ihrigen dort. „Ich hoffe gern das beste," schrieb sie am 12. Februar 1807 ihrem Sohne, „aber über ihre ungeheure Angst, über ihre Schwäche, ungewöhnliches zu ertragen kann ich mir keine Illusion machen, und die sind denn doch das wahre Unglück, ich muß mich von dem Gedanken daran gewaltsam zurückziehen, Gott läßt den Wind sanft wehen, wenn das Lamm geschoren ist, sagt Yorik, das will ich hoffen."

Tatsache ist es jedenfalls, daß sie sich mit ihrer Schwester Julie immer mehr auseinander lebte. Wie weit Johanna dabei die Schuld trifft, bleibe dahingestellt. Von Julies Art aber erhält man einen Begriff, wenn man liest, was Gwinner über sie schreibt. „Einem 1832 sie besuchenden Freunde Johannas gegenüber (Professor Nicolovius[1]) lobte Julie Trosiener ihren Neffen Arthur, „daß er sich von dem fabelhaften Leben, Trei-

---

[1] Gwinner, S. 137.

ben und Schreiben seiner Mutter ganz fern halte," und erzählte weiter, daß Johanna ihr neulich geschrieben habe, Goethe habe einen schönen Tod gehabt. „Die Arme," fügte Julie hinzu, „sie ahnt nicht, wie schrecklich sein Erwachen gewesen sein mag."

Wenn man nur die erste Hälfte dieser Erzählung Julies berichtet, wie E. Grisebach es zum Beispiel tut[1]), so gibt das natürlich ein sehr abfälliges Urteil über Johannas „Leben, Treiben und Schreiben". Aber der Wert dieses Urteils wird erschüttert werden, wenn man die zweite Hälfte dazu nimmt. Diese charakterisiert die Erzählerin Julie. Danach kann Julie nicht das leiseste Verständnis für die Anschauungen Johannas gehabt haben und wird aus ihrer Beschränktheit heraus sie oft getadelt und verurteilt haben.

Dies sind die Stimmen der Gegner Johannas aus ihrer Zeit. Wenn man auch darüber streiten kann, wie viel Wert ihnen beizumessen ist, so muß man sie doch beachten, um Johannas Bild möglichst richtig zu erfassen. Es läßt sich wohl verstehen, daß Johanna mitunter Anlaß zu Klagen über ihr Benehmen gab. Wenn sie auch eine große Herrschaft über sich selbst hatte und sich stets bemühte, der Welt ein gleichmäßig heiteres Äußere zu zeigen, so bewegten sich doch ihre Gedanken und ihre Phantasie in so hohen Idealen, daß sie unfehlbar oft mit den harten Notwendigkeiten des wirklichen Lebens zusammenstoßen mußten. Solch ein Anprall war Johanna jedesmal sehr unlieb, und so

---

[1]) Grisebach, Schopenhauer, Gesch. s. Lebens, S. 99.

gut es ihr gelang, in Gedanken ihre ästhetischen Probleme zu lösen, so wenig konnte sie die kleinen Miseren des täglichen Lebens ertragen. Übergroß war ihre Sehnsucht nach Ruhe und Frieden um sie herum, damit sie sich ungestört in ihrer selbstgeschaffenen Gedankenwelt bewegen konnte.

Allein dieses anderen unerfreuliche und oft unverständliche Benehmen muß man bis zu einem gewissen Grade aus dem Geist jener Zeit sich erklären. Gustav Freytag schreibt darüber in seinen Bildern aus Deutscher Vergangenheit; er beginnt mit einem Hinweis auf die Werke der großen Dichter, die alle Besten der Nation entzückten[1]). „Durch einen Gott war plötzlich das Schöne über die deutsche Erde ausgegossen. Mit einer Begeisterung, welche oft wie Andacht aussah, gab sich der Deutsche den Neigungen seiner einheimischen Poesie hin. Die Welt des schönen Scheins erhielt für ihn eine Bedeutung, welche ihn zuweilen gegen das verständige Leben, das ihn umgab, ungerecht machte. Fast alles Große, Edle, Erhebende lag ihm ... in dem goldenen Reiche der Poesie und Kunst; was wirklich um ihn war, das erschien ihm leicht gemein, niedrig, gleichgültig."

So lebte vielleicht Johanna Schopenhauer als Kind ihrer Zeit wie viele andere ein Leben des schönen Scheins. Ihre Phantasie schuf ihr eine Welt hoher sittlicher Gesinnung, opferwilliger Größe, seelischer Vervollkommnung. Was dieses schöne Scheinleben förderte, wurde mit

---

[1]) G. Freytag, Bilder aus der Verg., Band IV.

Sympathie aufgenommen, was ihm entgegentrat, mit Entschiedenheit abgelehnt. Ihre ästhetischen Abende waren für sie ein Quell ungetrübter Freude. Die ganze schöngeistige Gesellschaft ihres Weimarer Kreises war eins in dem Bestreben, einander das beste zu geben, was ein jeder hatte und nur das Schöne und Gute von dem anderen zu genießen.

Sie war in diesem Sinne eine Lebenskünstlerin. Ihre außerordentliche Fähigkeit, alle Vorkommnisse des Lebens zu einer besonderen günstigen Fügung für ihr persönliches Wohl zu betrachten und zu gestalten, hat ihr Leben zu einem reichen und glücklichen gemacht. Aus diesem inneren Reichtum heraus hat sie jederzeit an anderer Ergehen herzlichen Anteil genommen, und die treue Freundschaft vieler ausgezeichneter Menschen bekundet es, daß sie auch deren Leben mit Licht und Frohsinn gefüllt hat.

Jedenfalls müssen die Vorzüge Johanna Schopenhauers größer gewesen sein, als ihre Fehler; vereinzelt sind die Stimmen ihrer Gegner gegen die ihrer vielen Freunde. In dem Schema zu ihren Memoiren nennt sie aus der Weimarer Zeit einige der bedeutenden Menschen, die ihr nahe traten; sie sind zum Teil in den vorherigen Kapiteln schon erwähnt worden: Goethe, Wieland, Heinrich Meyer, Falk, Fernow, die beiden Bertuch, Zacharias Werner, Friedrich Meyer, Froriep, Stephan Schütze, Riemer, Grimm, Fürst Pückler, die beiden Schlegel; außerdem die fürstlichen Personen, die ihr freundschaftlich gesonnen waren. Was diese alle an sie fesselte, war ihre der Welt offene Seele, die sich liebevoll einem jeden darbot, und ihre herzgewinnende Freundlichkeit und Teilnahme, wie sie sich gleich bei ihrer Ankunft in Weimar der Not gezeigt hat; das war der weite Blick und die größere Anschauung, die ein reichbewegtes Leben ihr geschaffen hatte. Zu den früher schon berichteten anerkennenden Urteilen über sie möchte ich noch eins von Fürst Pückler-Muskau anführen, der während eines kurzen Aufenthalts in Weimar sie besuchte. Er schrieb von Johanna Schopenhauer und ihrer „herrlichen" Tochter Adele, daß sie zu den seltensten Erscheinungen in dieser langweiligen und verkehrten Menschenwelt" gehören. „Ich bin unverdienter- und ungesuchterweise in ihrem Hause mit einer Güte aufgenommen worden, von der ich wohl sagen kann, daß sie mir ebenso unvergeßlich bleiben wird, als der Genuß, den mir die kurze Bekanntschaft dieser Damen gewährt hat. Frau Hofrätin Schopenhauer ist die angenehmste Frau, die ich je sah, ihre Unterhaltung voller Interesse und doch von der seltenen Art, die weit weniger zu glänzen, als andere in das vorteilhafteste Licht zu setzen, und das Ganze leise und unmerklich zu beleben sucht."

Weitab von kleinlicher Gesinnung umfaßte Johanna froh vertrauend die Menschen. Ihr unzerstörbarer Lebensdurst wirkte belebend und Frohsinn erweckend auf ihre Umgebung. Ein jeder ließ des Tages Mühe hinter sich und gab sich bei Johanna einigen Stunden sorgloser Fröhlichkeit hin.

Das tat auch Goethe. Er ließ sich hier weit freier gehen, als in seinem eigenen Hause, wenn er selbst

Gäste empfing. Er bediente sich vor seiner Freundin nie einer Maske, was er anderen gegenüber sonst tat; seine Mienen wechselten oft in jeder Sekunde, wie sein Gefühl und seine Stimmung es veranlaßten. „Man hatte bald einen sanft-ruhigen, bald einen verdrießlich-abschreckenden, bald einen sich absondernden, schweigsamen, bald einen beredten, ja redseligen, bald einen episch-ruhigen, bald — wiewohl seltener — einen feurig-aufgeregten, begeisterten, bald einen ironisch scherzenden, schalkhaft-neckenden, bald einen zornig-scheltenden, bald sogar einen übermütigen Goethe vor sich."[1] Diese Schilderung zeigt, wie zwanglos sich Goethe in den Kreisen Johanna Schopenhauers bewegte.

Das Verhältnis zu ihrem Sohne zu ändern und zu einem besseren zu gestalten, wie sie so sehr es wünschte, lag nicht in ihrer Macht. Sie vermochte nicht, seine ihr ganz entgegengesetzte Art zu verstehen und nicht, sein Streben nach anderen Zielen zu begreifen. „In jener, nunmehr längst entschwundenen Zeit rein ästhetischer Interessen, die mit Anfang des vierten Jahrzehnts des neunzehnten Jahrhunderts zur Neige ging, konnte ein Verständnis des ethischen Grundgedankens der „Welt als Wille und Vorstellung" nicht erwartet werden[2]. Darum tat Johanna immer das Falsche bei allen ihren Bemühungen, und anstatt ihr Kind sich näher zu bringen, entfernte sie es immer weiter von sich. Wer das volle Verständnis für den Begriff der

---

[1] Stephan Schütze, Weimars Album, S. 191.
[2] Gwinner, Schopenhauers Leben, S. 313.

Mutterschaft hat, die niemals nur aus Fürsorge und Freuden besteht, wird auch ohne Beweise wissen, daß Johanna unter dieser Tragik ihres Schicksals gelitten hat. Und wenn die Welt auch nur nach dem, was vor Augen liegt, urteilen kann, so mag doch dieses tiefere Verständnis davor bewahren, zu richten und zu verdammen. Ein Gegenüberstellen der Charaktere, ein Zuverstehensuchen ihrer verschiedenartigen Anforderungen, die ihnen eine Gemeinsamkeit zur Unmöglichkeit machten, dürfte in diesem Falle genügen.

Und ein warmes Mitleid, das edelste der Gefühle, wie Schopenhauer es nennt, wäre gerade hier am Platze.

Nachwort.

Indem ich meine Arbeit über Johanna Schopenhauer dem Druck übergebe, möchte ich noch allen denen danken, die mich dabei in irgendeiner Weise unterstützt haben.

In erster Linie gebührt dieser Dank Herrn Geheimrat von Bojanowski=Weimar, der schon bei der ersten Auflage in weitgehender Weise meine Bemühungen gefördert und mir auch einen Teil der Bildnisse Johanna Schopenhauers zur Veröffentlichung zugänglich gemacht hat. Das im Goethe=Museum befindliche, von Gus. Guibert gemalte „Porträt von der Hofrätin Schopenhauer" ist zum erstenmal für meine Biographie photographiert worden.

Ich durfte von der Handschriftensammlung der Bonner Universitätsbibliothek Kenntnis nehmen; ich wandte mich um Auskunft oder Bücher an die Bibliotheken in Bonn, Berlin, Königsberg, Danzig, Weimar, Jena, um meine Arbeit möglichst vollständig zu machen. Allen den Herren Bibliothekaren spreche ich auch an dieser Stelle für ihre Mühe meinen herzlichen Dank aus, vor allem den Herren Dr. Dohrsch und Dr. Räuber Bonn, Herrn Geheimrat Schwenke=Berlin, Herrn Professor Dr. Lentz=Danzig, Herrn Geheimrat Dr. von Oettingen=Weimar, Herrn Dr. Brandis=Jena. Der letztere hat die Freundlichkeit gehabt, mir zwei kurze Briefe Johanna Schopenhauers abgeschrieben zu übersenden, die in der Biographie zum Abdrucke gekommen sind.

In letzter Stunde erfuhr ich von der neuen Publikation (1913) der Goethe-Gesellschaft; ein reiches Material von Briefen Adele Schopenhauers lag dazu vor. Daß ich auch dieses für meine Arbeit benutzen durfte, verdanke ich dem liebenswürdigen Entgegenkommen des Herrn Geheimrat von Oettingen. Es wurde mir dadurch ermöglicht, die Biographie der Johanna Schopenhauer so vollständig zu geben, wie es nach den neuesten historischen Veröffentlichungen nur angängig war. Ich spreche Herrn von Oettingen dafür meinen ganz besonderen Dank aus.

Aber auch allen denen, die mich aus dem Kreise meiner Freunde gut beraten und mir bei meinen Forschungen geholfen haben, sei hiermit ein herzliches Wort des Dankes gesagt.

Desgleichen denen, die, durch mündliche Überlieferung in fester Verbindung mit der Vergangenheit, mir wertvolle Mitteilungen oder Hinweise auf Auskunftserlangung zukommen ließen, wie Fräulein Marie von Hellborf, Frau Gräfin Wedel geb. Gräfin Beust, Frau Elisabeth Förster-Nietzsche, Frau Geheimrat Vollert, Frau Ordensdame Jenny von Gerstenbergk. Letztere fügte meinem Buche das schöne Bildnis ihres Vaters und ein kleines gemütvolles Gedicht von ihm aus seinem Nachlaß ein.

www.ingramcontent.com/pod-product-compliance
Lightning Source LLC
Chambersburg PA
CBHW031547300426
44111CB00006BA/201